宋史

元 脱脱 等撰

第二〇册

卷二二六至卷二二八（表）

中華書局

宋史卷二百二十六

表第十七

宗室世系十二

雲安侯	仲琨						
右班殿直士瑜		從義郎士奉					
			不湛	不屈	不憒	不擇	
						善長	
						汝鏕	汝鈴
							崇珥

												士旃 武翼郎	
												不求 保義郎	
					善信							善潾	善化
	汝鎬		汝鍼	汝退	汝鑄		汝銑						汝垙
崇瀐	崇櫴	崇謷		崇潽	崇淡		崇瑮			崇玶			崇侏
必瑀					必玟	必璨	必沶	必灕	必瀗	必澳			

崇倒

成忠郎	不傻								左朝議	郎不器	保義郎	不佗		
	善澧				善沉	善淬		善瀨		善添		善澾		善澗
	汝黼			汝料	汝炯	汝窿	汝宔					汝儌	汝倐	
	崇埴	崇塽	崇鋗											
	必延													

													秉義郎	士旋
不裘	忠訓郎	不憩				保義郎	不劊		保義郎	不避				
		善涖		善汪			善湍			善滌	善浥			
		汝墐	汝坑	汝賫	汝誓		汝謙	汝論		汝銷	汝涂	汝鍯		

從義郎	士智		武翼郎	士亢	秉義郎	士腆								從義郎
	不通	不竦	忠訓郎	不增		不薄							不濁	
				善祋		善寧								
				汝暱		汝服	汝膴							
							崇畸			崇暕	崇晌	崇睽		
							必璣	必浙	必湛					

高密郡公仲闓

士帶　左朝請大夫、直祕閣士珕

不犯　不玘　不紀　不記　保義郎不益　保義郎不殞　不謏　贈通直郎不倦

善採　善提

汝訢　汝訌　汝譛

										武節郎	士璪			
	文林郎	不侔	從政郎	不倚						訓武郎	不儌			
				善稭	善企	善伐	善崿				善儌	善挐		
汝訦				汝壘			汝試	汝諠	汝謐		汝詷	汝埲	汝墲	汝扗
													崇汯	

										士仡	武經郎士蘇
訓武郎不信						不傅		承節郎不蕭		不湎	承節郎不止
善黻		善鬴	善丞	善戰	善事	善眷	善粲	善禱	善程		
汝稀	汝䅻		汝廰				汝鏜				
崇晲	崇鍱		崇僊								

							武經郎	士積	秉義郎	士轏				
從義郎	不虛								武翼郎	不他				
	善磬									善洤	善瀚			善淂
	汝𧸘	汝礐				汝觷				汝煌	汝梟	汝槖		汝渠
	崇效	崇敵										崇奕	崇冥	崇覂
		必憋	必臞	必臆	必腫									

								武經郎士獻					
								武節郎不念					
	善澹				善濬		善津	善迨	善逵	善洨			
汝枀	汝窠			汝築	汝柴	汝架	汝㮚		汝峕	汝恐			汝忍
	崇賨	崇㩟	崇奐						崇俸	崇導	崇葭	崇葨	

				朝奉郎	不低		承奉郎	不隘						
		善迸	善边		善成			善寰			善[illegible]			
汝惣	汝悬				汝精	汝粡		汝湯	汝涪	汝渤	汝沃	汝沱	汝泍	汝㳖
											崇璡			崇[illegible]

			從義郎	不雲								忠翊郎	不軫	朝請郎
				善害	善憲	善宇	善穹			善康	善寂		善親	
		汝溱		汝諱			汝訡	汝諴	汝諫				汝謰	
崇珊	崇璞												崇楷	

			敦武郎士紕	敦武郎士琛						
不困			不疑	修武郎不傲				忠訓郎不侮		成忠郎不鷙
善宣		善鑠		善郶	善坱		善錍	善𣲇	善滉	善謜
汝圤	汝湦			汝熑	汝渫	汝景		汝玞		汝緂
								崇鋒		

								贈華州觀察使仲豰
							左班殿直士惝	秉義郎士蔞
忠翊郎不負								
善从		善㣺						
汝滜	汝沛	汝蘦			汝灡			汝蒕
崇磏		崇雯	崇曦	崇櫱	崇眙	崇籍	崇旐	崇栫

彭城郡公宗厚					
右監門率府率仲敀	開國公	仲遄			
清源侯	士宇				
朝請大夫不同					
善燁	善煇	善炎	善光		
汝鄭	汝鞅	汝藺			
崇玣	崇悆	崇曜	崇瑢	崇媏	
必熣	必燱	必蓮	必迈	必闠	
良璞					

儒林郎不害　左朝請大夫不[illegible]

善炳　善煥

汝聽

崇恤　崇圪　崇嵮　崇茉　崇壈

必顏　必增　必戒　必份　必偷　必垩　必亶

								贈朝奉	大夫士	淝				
已	忠翊郎	不識							朝奉郎	不謏	不荒	左承議	郎不譁	
善僨		善揭		善晳									善觀	
汝鉅		汝貴	汝璁	汝塇	汝䮚								汝估	
崇誘		崇巨		崇湅	崇鐠								崇起	崇岊
					必脊	必昚	必兖							

贈中奉大夫不僎

善游 善質 善禮 善玘

汝佡 汝逴

崇[illegible] 崇巒 崇楝 崇植 崇機 崇鎬 崇錀

必[illegible] 必湀 必潞 必潕 必鏐 必鑽 必灌 必[illegible]

													善⿰阝矍	
	汝遵	汝通	汝遲	汝欣	汝歆			汝⿰婁欠		汝歡		汝邪	汝逢	汝⿺辶淵
崇鑢			崇鏕	崇金	崇鈴	崇鉛	崇鏍	崇鎧	崇鐗	崇鍊	崇錠	崇鏒		崇鋈
			必渟	必杠			必瀟	必湒			必滿	必瀨		必點

											武翼郎	士洋		
										不礙	修武郎	不諍		
												善遷	善僮	
		汝遯				汝悕			汝逅				汝偶	
崇鎏	崇鋻	崇鈁	崇鈀	崇鐕		崇鐺	崇鍸	崇鈲					崇宓	崇懷
				必劜	必洸									

												武節郎	士嶟	
									不干	不呆		從義郎	不疑	
善逭		善湫					善達	善沾	善通				善章	
汝瓔	汝浵	汝確	汝磏										汝細	汝邕
		崇慨	崇璥	崇膴	崇俵									崇讓
		必墈	必欄		必[走侖]	必[走亶]								
		良[亻太]												

										忠訓郎	不瑕		承節郎	不比
				善登					善體		善釋			善櫶
汝檕		汝棉	汝釋	汝嬰		汝讜	汝濆	汝湧			汝肇	汝筆		汝泌
崇訙	崇訹			崇埏	崇㟴	崇璟	崇徎							崇訮
						必瀼								

											贈右朝議大夫士隆	
					不轒				不憲		贈左承議郎不㳬	
				善淵	善嚳			善肯	善遲	善儷	善仁	
		汝涀	汝滴		汝闔	汝坣	汝謙				汝譓	
崇讙	崇諺				崇暑		崇現				崇規	
											必复	必晣
												良滽

														善衍
								汝謨	汝譬					汝許
	崇晊								崇賓			崇資		崇禰
	必孜				必宥	必雋	必瀰		必旼	必曒	必昕	必普	必旹	必昱
良波	良驥	良騘	良騏	良駰			良緒					良紳	良紋	良慈

							崇瑛			崇僊	崇愊	崇禪				崇嵩
必昉	必昞	必畹		必晧	必晸					必溱	必灑	必漳	必汎	
		良戀	良悐		良惠	良秎	良聰							

							不忩承節郎							
善循					善從		善寉							
汝証							汝誥							
崇曄	崇韓			崇苹			崇顔			崇閔			崇況	
必琭	必璞	必瑓	必琜				必眦			必當	必堂	必萣	必侄	必傓
		良鏷					良鎊	良餘	良餗		良陣			良註

											左朝奉	不愆	
													善衡	
	汝謂						汝託				汝訖		汝試	
	崇武			崇愈			崇赴	崇共		崇彌			崇歡	
	必富	必鄰	必陳	必鄘	必偰		必邌	必惀	必恫	必迣			必標	
良証			良𤥐			良儁	良畱						良志	良烶

			汝諷										汝詐	
			崇泗	崇泳	崇沄					崇澻			崇渝	
必榦		必楫	必采		必烒	必穇		必檜	必㮚	必格		必樸	必烓	
良烯	良熓		良𤒎		良塄	良炥	良燡			良𤈦	良㶡		良塑	良墚
			友松											

善循														
汝譚				汝誘	汝詘									
崇深	崇澣				崇瀍	崇涘		崇涯			崇浣		崇汎	崇濺
	必檳	必欐	必杒			必柬	必彔	必栿	必櫻	必欓	必欀	必相		必檯
	良燦	良燚												

			贈忠訓郎不惪										
			善衎							善衛			
汝譏			汝諒						汝續	汝請	汝誌		
崇減			崇父	崇浥		崇潢	崇濮	崇瀰	崇寬	崇趍	崇脬	崇沰	崇洩
必櫟		必珄		必根	必𣿬			必楮		必瀦		必霓	
良煥	良巘			良焼									

													士扈武翼郎	
								不瀿承節郎		不隱承節郎		不譤忠翊郎		
善衢		善衖											善濠	善灝
汝巖	汝省	汝奉					汝罕						汝潤	汝傍
崇藹	崇爕	崇煥	崇坴			崇逕							崇浹	
必垩			必欑	必褐	必秘									

康國公、謚敦恪 仲慘

從義郎 士楙

善茗 善浩 善溫 善演

汝逢 汝佖 汝佃 汝侲 汝佸 汝份 汝偘 汝伉 汝儇

崇律 崇佴 崇儴 崇薇 崇荷

秉義郎	士帖	朝請郎	士桯	承義郎	士纇									
			不茗	秉義郎	不竭		承信郎	不蔽						
					善畏			善忠	善慧					
					汝衡	汝衎			汝福	汝慨				
						崇澍				崇躅			崇臣	
						必鑰				必穗	必穅	必稭	必芭	必爃

					不辱	承信郎	不才							
							善人		善也		善逢			善櫸
							汝爟		汝燎			汝燠	汝炢	汝鐕
		崇珗					崇橅	崇𣏌	崇邋	崇𨑒	崇逢			崇臮
必懃	必燡	必垔	必墍	必埑					必玭	必釛				

	修武郎	不媷								承信郎	不益	承節郎	不琤	
		善慣	善贅						善來				善禮	
汝鐍		汝迨	汝曩		汝壆	汝緆			汝泐				汝祴	汝褵
		崇櫟	崇訦	崇諄	崇詄	崇戩	崇讄	崇諝	崇讚				崇溎	崇襉
			必鳳											

			不姡 秉義郎	不玶 承節郎			不閶 奉信郎				
	善玎		善逵	善錫		善鍇	善而	善柎	善其		
	汝祫	汝禮	汝僠	汝瑸		汝琎			汝鈽	汝鉩	汝鋅
崇褓			崇朶	崇夏	崇畐				崇瀅		

敦武郎士祆					武翼大夫士禟							
不塤	不近		不虧	不謟	武經郎不遴							不遁
	善啟	善敔			善喬	善稾					善烹	善麻
		汝冄				汝壕				汝坏	汝罍	汝庎
						崇暯	崇啜	崇睥	崇䁏	崇璆		崇昤

														嘉國公、贈左通
							秉義郎	士稅	忠翊郎	士雅	成忠郎	士禩		
						不逡					保義郎	不逋	不退	
			善⿸广俞		善嶸							善委		
	汝康		汝康											
崇毗	崇瞧	崇璘	崇⿰月遊	崇膿										
必彌														

謚修簡	仲葩													
議大夫	士玞													
保義郎	不羣	訓武郎	不⿰忄族								忠訓郎	不佞		
	善浚		善紀	善繼	善繹					善紵		善盉		善⿱癶又
					汝宬	汝施			汝悛	汝僃		汝⿰王谷		汝現
						崇驤	崇驌	崇騏	崇洶					崇原
									必僬					必徽

											朝散郎士珖
	朝奉大夫不俇							右文林郎不僝		不欺	迪功郎不悄
	善聚							善請	善歆		善戒
	汝順	汝但	汝㫜		汝顧	汝劭	汝覘	汝頊			
	崇勩		崇輯	崇勷							
必徹	必茵										

							崇德軍節度使仲渙			
					右班殿直士歎	從義郎士密		左朝請大夫士項		
								從義郎不鉹		
善料				善選				善周		善每
汝荷		汝荐						汝蒵	汝譞	
崇蘩		崇熢	崇爁						崇邀	
必淴	必漁									

	贈中大夫不鈚												
善襲	善用												善寶
	汝念			汝嵩			汝慫			汝惼		汝慍	汝意
	崇桶	崇櫄	崇橒	崇洎	崇樟		崇滸	崇棌	崇桷	崇采	崇欚		崇芝
		必璩	必𢓜		必渥	必灌							

														贈光祿
													不鎧	保義郎
	善著										善忞			
	汝悊				汝懇	汝悝				汝慺	汝憝	汝惹		
崇蘭	崇枎	崇棁	崇柄			崇衞	崇桄		崇櫝					
			必絯	必絨		必璬	必據	必旌	必墪					

大夫士	頤													
不鈍	武節郎	不鎧												
		善邋							善迓	善延				
		汝侊					汝訓	汝轗		汝儲		汝儌		
		崇埈		崇垍	崇堈	崇壏	崇櫟			崇栛	崇橫	崇棱	崇構	崇榼
		必鉴	必崟	必金			必錞							

			武義大夫不鎴			不銖	不鑱						
	善暈		善逕				善逵	善逑	善遻	善迟			
汝倣	汝檬		汝悊	汝愿	汝惠					汝儲	汝償	汝偭	汝僂
	崇梁	崇粂								崇滙	崇僴	崇虒	崇柏
										必瑫			

忠翊郎士諱	武經郎士頔	贈光祿大夫士賴							
					右從事郎不鉞				
				善進	善邇	善迫	善邀		
				汝盼	汝佪				
			崇達	崇遄	崇煤			崇椹	崇椽

華陰侯仲瓌														
右班殿直士侖		忠翊郎士合												秉義郎
		秉義郎不侮												
			善閶			善旨					善傲	善徽		
			汝瓶			汝呂						汝遀	汝怈	
			崇皓		崇崍	崇岑				崇施		崇崎	崇抗	
			必偓	必蔄		必瓃	必琫	必珋	必瑄	必瓛				

士舍	秉義郎	士長	武翼郎	士僉										
				不復									不愢	
				善謦	善詠				善謁				善倌	
					汝暎	汝⿰日曹	汝⿰日禁	汝眮	汝樛		汝標	汝檀	汝鑣	
									崇⿰日幵	崇⿰日內	崇⿰日畺		崇聚	崇臮

密國公允言

祁國公宗說

太子右監門率府副率

安陸侯

太子右內率府副率不

善俓　善倭　善儕　善仢　善佋　善⿰亻員

汝鋋　汝鍝　汝岡　汝⿰王回　汝珽　汝琨　汝瓚　汝崠

崇衆

仲豈	贈左領軍衛將軍仲郢								
士律	太子右監門率府副率士妥	華陰郡公士馮							
瀆		保武郎不黨	武翼郎不威						
			善珏				善清		
			汝賢			汝節	汝翼		
			崇嶷				崇矩		
			必俊	必倖	必倜		必先	必達	
							良璐	良佐	
							友晤	友瀅	友璲

		崇寅		崇孝										
	必世	必昌	必進	必簡				必勝					必端	必貴
	良鏗			良瑞	良琦	良珏		良道	良翰	良進	良通	良逵	良權	良稷
友汀						友鏶	友鎮						友許	

						汝弼	汝郛							
崇龜						崇志	崇德	崇光					崇美	
必用							必尊	必從	必利		必袖		必固	
良顯		良得	良遂	良遡	良遇				良璒	良璓	良瑓	良珸	良琭	
友徽	友儼		友偉										友濕	友泌

													崇壽	
			必隆	必純			必咏			必叶	必喻	必唯	必聽	必恕
	良琠	良璪		良砎	良磁	良磯	良讚	良談	良詩					
友泺														

					右班殿直不罰				右班殿直不危	右班殿直不惑	不抑
	善珍				善國	善尙	善通				
	汝霖	汝果			汝喜		汝革				
		崇干					崇亨				
必憲		必[illegible]		必峙			必申				
良泟		良鋇	良鋒				良[illegible]	良硂			

		汝南侯	仲軻											
		安陸侯	士俁		房陵侯	士會								
不忒	不愚	忠翊郎	不敗	不倦	贈右屯	衛大將	軍不欺	三班奉	職不逸	成忠郎	不卒			
											善愴			
											汝瑕			
											崇杓	崇橓		崇鍉
											必悚	必潩	必滅	

贈右屯衞大將軍士詩			高密郡公士奇						
三班奉職不傾	不僞	不佞	武翼大夫不倚	武翼郎不侈					
				善柠					
				汝張	汝邽			汝弱	
					崇祼	崇繸		崇禬	崇禘	
					必大	必鋾		必渢	必漇	必洇
					良昭	良浩	良溓	良俏	良鐐	良鐸

									丹陽侯	士賛				
忠訓郎	不倦	忠訓郎	不僭	承節郎	不仔	不伎	不儉	不侮	贈朝請	郎不傲				
			善刷		善積					善翔				
			汝獬							汝櫟				
			崇榁							崇璉			崇𤦲	崇瑄
										必潤	必深	必湘		必瀛

汝禬														
崇暘								崇瑚					崇理	
必逮	必邇		必逾		必近		必洽	必逵				必還	必[辶秫]	必足
良宷	良鉦	良欽	良鑾	良鑒	良鏓	良鏻		良泝	良濡	良[氵庶]	良漊			

			崇珪							崇瑄	崇璂			崇瑭
必邋	必止	必𨑒	必邃						必邇	必延	必迋	必檇	必迸	必伉
			良鏎	良順	良睬	良睍	良賀	良儹	良智					

	汝休													
	崇⿰王睪										崇瑜	崇瑯		崇瓌
必傂	必⿰忄分	必洙				必游	必洸		必湧	必汶		必溓	必湋	
	良俟	良儶		良僕	良儷		良倉	良畣						
		友嘻	友嗜											

善弼														
汝恕							汝愗					汝启		
崇珙	崇瑀						崇玒					崇玢		
必廣	必厚	必庇		必廉	必度	必廥	必庰	必庸	必廙	必廕	必廬	必英		
良達	良遜	良官	良伯			良迪					良佮	良賓		良容
												友信	友傑	

										善聿				善珏
										汝愚				汝應
						崇璛				崇琬			崇璧	
		必蓉	必莘			必蘅		必迸	必蒖	必浩	必沿	必渙		
良遷	良亶	良富	良宛	良宁	良[illegible]	良湧	良滌	良潽		良奐				

承節郎不僞	承節郎不倫	西頭供奉官不億	右班殿			
汝慤	汝忩	汝崽				
崇蒼	崇沆	崇封				
必籧	必遻					
良宿	良宵	良㝑	良宇	良寶		

直不愚	不佸	三班奉職不僾	不伐	儒林郎不俀								
				善庠								
				汝詡								
				崇讀	崇証							
					必循	必徹	必徽	必⿰彳咠	必徯		必倎	必彶
					良珧		良檠		良鍛	良鈇		良棡

訓武郎														
	善庇	善序												
			汝誼											
										崇護				崇課
				必僊						必徠		必術	必衡	必征
				良湒	良珈	良㻞	良珉	良瑫	良瑗	良璅	良潔	良通		良注

		太子右監門率府率士領						右班殿直士匱	右班殿直士扶
不憧		不悚	不懦		不憍		不遐		
善昌			善利	善密	善適	善詢	善削		
汝賢									
崇談	崇讚								

內殿崇班士鋃												
不倨	秉義郎不俗											
	善治											善浩
	汝諸	汝稌								汝穗		汝稛
		崇紳	崇綸	崇級	崇經	崇緌		崇繪		崇言	崇瑮	崇柄
		必暘				必僑	必倜	必僐	必供			必倩

贈右屯衞大將軍仲謇

右班殿直士齹　太子右監門率府率士潔　左領軍衞將軍士虁

秉義郎不儻　不快

善能　善處　善青

汝籛　汝雰　汝筍

崇渚　崇璪　崇璲　崇載

馮翊侯仲許

馮翊侯士年

右監門衛大將軍、領貴州防禦使不矜　　右侍衛

善閎

汝明　汝忍　汝冲

崇洐　崇瀰　崇注　崇[氵能]

必樜　必橓　必樠　必柣　必樎　必楥

良炷

	不惑	善問	汝鋼			
			汝僇	崇悀		
東平侯士躬	修武郎不忒	善仁	汝慼	崇裕		
				崇哲	必儷	良沿
						良溪
			汝蓮			
			汝礐	崇藝		
				崇業	必淬	
					必觵	
					必[illegible]	
		善修				
	三班奉職不驕					
	三班奉					

太子右內率府副率士可　東平侯士棶

職不憄　不移　成忠郎不倦　忠訓郎不僞　三班奉職不儉

善品　善偣　善俊　善攸

汝弼　汝垒　汝奭　汝翼

崇欽　崇信

必滬　必游

修職郎不伐	善弢	汝鼐	崇周	必嘉	良暎	
					良顓	友鏄
		汝鼒	崇璨	必瀓	良坲	
					良淑	
				必幹	良塾	
			崇瓏	必澇		
		汝鼏	崇儇	必柟	良檏	
					良栰	
			崇僖			
			崇佺			
		汝鼐				
		汝欇				
		汝榆	崇鄒			
			崇郛	必汀		

								贈武翼郎不傲			忠訓郎不佞	
								善俊			善係	
								汝模	汝因		汝穌	汝稔
	崇鄧				崇鄯				崇灆	崇溭	崇洪	
必溘	必淠	必料	必湮	必測	必濛	必洭	必湷			必宋	必㻫	

					東陽侯士穨								
					武經大夫不一								
	善僼			善黱	善煚								善焯
汝稹	汝秬	汝秠	汝稼		汝涓	汝弼							
						崇御					崇后		
						必估			必遙	必迪	必紀	必欣	
						良熑	良炤	良焰	良熰	良識	良燧	良爌	
												友至	

			善炳				善煜							善烜
			汝現				汝雋						汝琅	汝璭
崇愃	崇㥠		崇坰				崇通			崇得	崇徲		崇徃	崇偭
	必綦	必循	必鐏	必鐈	必仟	必僅	必俌	必皓	必岳	必俠		必詁	必詩	
				良燈	良柊		良椽					良曄	良暉	

							開國公	仲仝						
							奉化侯	士雋						
							康州團	練使不	溢					
									善成	善輔	善述	善端	善淵	善國
	汝玵	汝璃			汝騂									
崇漯		崇溯	崇浺	崇漨	崇栒	崇瓎								
必忼														

			東陽侯	士琫								
	從義郎不惑	右班殿直不愚	左侍禁不磷									
善弼				善仁								
				汝正								
				崇德	崇功	崇訒						崇誼
						必歡			必歆			必堎
						良誨	良諂	良訪	良綜	良鈔	良鐏	良樞
						友浤						

								汝直						
								崇京				崇亳		
			必垷	必墿			必墉	必壕		必塘	必墦	必域	必塚	必坿
良榞	良梴	良梭		良榆	良杫	良櫸		良茂	良茵				良沅	良蕙

左文林郎不疑	不黨					承節郎不懼						
善縠		善嘉			善河	善臧	善仔	善休	善修			
汝加			汝靂	汝棣	汝霰					汝忠		
崇玩					崇道						崇奇	
必偶					必亶							必埰

													不悋	不悱
		善從									善擇		善仔	
	汝長	汝彥									汝蓬	汝迫		
崇賦		崇謀		崇諶	崇諲	崇讘				崇諕	崇洙	崇洵		
		必湜	必澈		必大	必覿	必邏	必逕	必蘧	必淔				
			良探		良儻					良臬				

贈右屯衞大將軍士貝	不恧					
	右班殿直不諂					
祁州團練使士黝	右班殿直不濆					
	保義郎不爲					
西頭供奉官士儻	不慊	善莊	汝嘉	崇貴		
				崇老	必樸	良鉌
						良鏋

贈武德大夫士遒

保義郎不吝
贈武翼郎不蘊

善儀
善明
善修

汝能
汝翼

必栱
必栝
必湏

良鈋
良鐀
良鍋
良鉺

善仁	善週			善遃	善遹									
	汝岑	汝嵸	汝薛	汝弓	汝薵								汝蒵	
					崇櫹				崇栟	崇栔			崇遹	崇[辶更]
					必墹	必埭		必秷	必禴	必[宀貫]	必旲	必檏		必埜
					良滂	良罿	良徽							

							成忠郎不隱						
							善信	善一			善鉾		
	汝芝	汝芸	汝荀	汝非	汝葯	汝蔤		汝璆			汝鐙	汝鐖	汝鈱
		崇悚	崇槽			崇徒		崇健					
必櫙		必騵						必勸		必勛			
								良造	良逮				

									右千牛衛將軍仲夔	
	承務郎士銳		太子右監門率府率士薦			太子右監門率府率士玫			華陰侯士瓐	
不求	不倦	不惰							三班奉職不惈	
汝鉞										
崇璨										
必鑯										

修武郎不儒														
	善勝	善應	善益											
			汝範								汝榛			
			崇譔	崇訢			崇許	崇訂	崇訹		崇譸			崇譆
			必洼	必迺				必伏	必憲	必豪	必釗	必鍊	必釬	必鏌
			良[火茲]	良薡	良蓴	良蔑								

									不譕	武節郎				
								善淵	善長					
							汝勇	汝⿸厂男						
		崇憲			崇⿱丞心		崇忞	崇懇			崇諵	崇⿰言夾	崇譡	崇診
必棈		必⿰方丙	必⿺辶子	必逢	必⿺辶支		必遞	必遖				必諸	必鋻	必鈽
	良⿱敖火	良灴		良錫		良鋼	良鈷	良璸						
							友傲							

	汝券				汝衡									
	崇悫		崇劉		崇忧					崇悛				崇懽
必檑	必綜	必趕	必趯	必赻	必偶	必偦				必鍑	必釴	必鋏	必鐌	
		良應				良霙	良雯	良霄	良霨					

馮翊侯仲旻							
太子右監門率府率士知							
成忠郎不熠	成忠郎不悚	保義郎不怡	不慚				
善浣	善津						
汝勸	汝勤	汝明					
崇[illegible]	崇惎	崇裴					
必仰	必[illegible]						

太子右內率府副率士比	通議大夫士香										
	贈中大夫不挾										
		善詩		善建	善肆			善詳			
		汝楫	汝惪		汝靖	汝祁		汝閎			
		崇心	崇鈉			崇鋑	崇鍏	崇柬	崇璽		
		必道	必積			必琣		必淶	必潾		
									良棩	良梓	良楠

									馮翊侯	仲瓘				
							左班殿	直士縫	奉化侯	士岑				
					儒林郎	不器		不驕	秉義郎	不僭			不愚	不弃
										善強				
汝亮		汝埴								汝斌				
崇意	崇志	崇廣	崇耑	崇鋾						崇坒	崇墍	崇墀		
	必遷		必齊								必冰			

													右班殿
三班奉職不啓	不剛												
	善思												
	汝玫										汝瑂		
	崇瑳	崇琄	崇慧						崇誌	崇嶠	崇鐙	崇鑠	
		必橚	必槻				必檣		必椽	必迦		必涓	
			良鉎	良鈂	良鉛	良銉	良鍠	良鐗		良玻			

			高密侯	仲韠										
直士鯨	右班殿	直士鼕	清源侯	士冰										
			西頭供	奉官不	輒							不折	武翼郎	不輕
					善敏									善敭
					汝詔					汝楫				汝浩
					崇古					崇裔	崇緡			崇淵
					必盛	必詵								
						良槐	良櫝	良𣗋	良[illegible]					

崇汯		崇汴												
必瓌		必古					必熾				必熺	必炘	必炳	
良槅	良柞	良璁	良琈	良珷	良琫	良瑽	良珠	良璣	良玔	良琦			良現	良理

													從義郎不輟
						善致	善時			善政	善敎	善改	
							汝畢	汝芾					
	崇沂		崇汶	崇浧	崇洙			崇慶	崇縈				
必爔	必禧	必禰	必儀	必祒				必徹	必禩				
			良櫏										

河內侯	士兢			左武衛大夫士愻										
朝散郎	不疑	忠訓郎	不惑		武經郎	不倦								
						善長	善安					善實	善諳	
							汝雷		汝比				汝應	汝愈
							崇逴		崇濆	崇榺			崇灩	崇淖
							必曎	必昕	必瀧	必滻	必濡			

							汝念						汝態	
崇⿰氵息	崇涂	崇灨	崇穉	崇秨	崇泄	崇泓	崇密	崇滬	崇澫	崇湴	崇淒	崇淳	崇昕	
	必洿												必鑵	
													良礩	良票

													秉義郎	保義郎
													不茹	不侮
											善文	善謹	善淵	
						汝志	汝蕙	汝憲						
崇昭			崇曼				崇持	崇臺						
必鑄	必鐽	必鏑	必鐓	必鑯										
良聖														

		贈武翼大夫士許						
成忠郎不慍		文林郎不僭	訓武郎不佴			不偉	贈武翼大夫不伎	
善同	善均	善靈	善汗				善洎	
			汝頡				汝濟	
			崇洸				崇銝	崇對
			必堅	必坖	必型		必墻	必瑽
			良鑛					

贈通直郎不傅		不佾												
善岫				善屺										
汝忭			汝霖	汝效	汝嗛				汝㬎					
崇撲			崇謰		崇倆	崇仙		崇偰	崇俅	崇岊			崇琟	崇戚
必瓆			必弆		必杶	必忝	必怱	必鎰			必垩	必璹	必球	
					良徯									

				河內侯仲謙			
承議郎士桴				太子右監門率府率士見	信都侯士奄		
武翼郎不瑕		從義郎不玷	不玩	不謟	忠翊郎不傲		武翼郎不忮
善甡	善林				善沖		善先
	汝奮				汝忠	汝懋	

	善適													善奭
	汝平					汝寅							汝官	汝定
崇績	崇俊					崇達	崇邁			崇連			崇迪	崇迓
						必掎	必祫	必𥜥		必襗			必陞	
		良滲	良瑡	良璐		良玞			良溪	良儛	良珢	良琁	良琨	
					友杞	友橞								

右監門率府率　仲詞　右監門率府率　仲祿　右監門

保義郎　不撓　不屈　不鮮　保義郎　不弃

汝忦

崇澤

必釓

率府率
仲湍
太子右內率府副率仲乙
太子右內率府副率仲巖
太子右內率府副率仲嚞
博平侯西頭供

														仲瓗
								士蘋	武德郎				礴	奉官士
								不擇		不惑	不占	承信郎	不宰	
							善得	善遜						
							汝採							
崇唐	崇廉		崇序		崇廙		崇廬							
必鉉		必鑘	必鏃	必鎘	必鉙	必鐇	必鎔							
良瓃							良濎							

汝撫　汝搏　汝拊　汝撝　汝橾

崇麾　崇庇　崇㢌　崇庲　崇㢊　崇庙

必侳　必佪　必澓　必溙　必汥　必濟　必瀋　必泄

良瑁　良𤦺　良珴

汝據							汝扑		汝梃				汝推	
崇賡	崇庾					崇㢜	崇府	崇龐	崇廩		崇厞	崇㡼	崇庎	
	必儇	必儜	必傹	必傪	必淞				必鐵	必鉡			必祢	必熿
	良瀸													

				善邁										
		汝措		汝掄								汝攖		汝据
崇靡	崇尾	崇席		崇譯			崇謚			崇認	崇諏	崇訥	崇譑	崇捬
		必禣	必紃	必鋼	必僤	必伻	必腆	必膴	必盜			必漊		必巇

									善迹					
						汝提	汝挟		汝仲			汝僾		
崇詯	崇諿				崇謁		崇譚	崇誣	崇蠡	崇籛	崇籔	崇岩	崇晢	崇習
	必竚	必螇	必頊	必蝝			必縮	必緆			必灑			

		汝倀	崇瘲	
		汝优		
		汝御	崇稼	
	善俟			
秉義郎不僨	善維	汝標	崇訛	
			崇銑	必柳
			崇玵	必復
		汝楋		
	善源	汝栲		
		汝橘		
		汝樲	崇閶	必鏦
	善結			
贈奉直不拺				

大夫不	憍													
	善永						善秉							
	汝倬	汝絛		汝備	汝馬	汝譽	汝仕			汝倍				
		崇瞻		崇筌	崇澥		崇櫝		崇揣	崇枳		崇楎		
		必緩	必緒				必科	必烓		必哆	必焜	必煁	必烟	必煬
										良壇				

善福

汝仞 汝僔 汝佚 汝㑂

崇欞 崇樵 崇櫺 崇崗 崇岐 崇㟗 崇崑 崇岦

必烶 必㶳 必慧 必悊 必意 必啓 必泼 必澌 必泌 必㿝 必火

良附

太子右內率府副率仲磻

贈右屯衛大將軍仲玕

善生

汝便

汝⿰亻肙

汝偪

汝仇

崇岳

崇屺

崇⿰山宛

崇⿰山巠

崇櫚

崇檹

崇欇

必膏

贈右領軍衛將軍仲軫

贈右千牛衛大

太子右內率府副率士竦

右班殿直士秠

右班殿直士勢

保義郎士佩

不換

將軍仲球

武經郎士兖

贈武略大夫不溢

善傚　善時　善畋　善枲　善澄

汝桴　汝修　汝潅　汝栩　汝柄

崇暉　崇曈　崇咩　崇渥　崇嘫　崇踝

必忘　必忝　必慈　必籌　必奞　必劉

良珇　良玢

益川侯仲堤	武經郎士漢	不馳
	忠訓郎士錟	
	秉義郎士紉	
	忠訓郎士縓	
贈右屯衛大將軍仲肩	右班殿直士翾	
	從義郎士懥	
	從義郎士瀫	

						華原侯	仲俞							
從義郎	士染	右班殿	直士旟	秉義郎	士禯	內殿崇	班士穿	武翼郎	士氜			贈武德	郎士氛	
							不惑		不慍	承節郎	不違	修武郎	不恤	
													善傻	
													汝煬	
													崇畈	
													必珧	必環

													忠翊郎	士蒙
								善淵						
				汝能				汝珞			汝濤	汝軾		
		崇哽		崇玗	崇椄	崇睫	崇晥	崇桸	崇邅	崇逢	崇樹			
必璲	必瑡	必拼	必梠											

贈武衛大將軍仲敉												
修武郎士柄												
贈奉議郎不侮												
善達	善邇						善籛					
	汝豫		汝萃		汝速	汝穡	汝游				汝瀍	
	崇瓚	崇球	崇琿				崇琅	崇瑲	崇瓃	崇璆	崇瑓	崇珒
		必誇	必讀	必誌				必誼	必鼓	必栢	必椃	必督
			良邇	良堞				良鞏				

		善邀												
	汝光	汝垠				汝俙			汝岳			汝力		
崇螇		崇埭	崇罍	崇龤	崇崌	崇惟	崇錞	崇詠	崇峿		崇璽	崇鍵		崇瑫
									必松	必梭	必汘	必德	必漎	

信義郎不伐

善蓬　善彬

汝坡　汝登　汝鉞　汝麗　汝斆

崇暶　崇銈　崇將　崇牖　崇璛　崇鈞　崇珖　崇珮　崇瑊　崇圭　崇沓

必侅　必僚　必減　必熛

	善孝													
汝性	汝擇		汝揩			汝招				汝握				
崇瑍	崇璂		崇瑩			崇澡	崇漼	崇滷	崇漒	崇壚	崇珜			崇璷
	必汴	必錦	必宙	必密	必寀						必瀘	必漘	必泆	必伎
					良盎									

不欺

汝攄

崇壑

必沼
必桂
必枚
必栂

宋史卷二百二十七

表第十八

宗室世系十三

南康郡王諡純僖宗立		
太子右內率府副率仲舒	安陸侯仲琳	
	武當侯士顒	
	武翼大夫不倿	贈太中大夫不

侮														
善結	善繼													
汝劼	汝飭	汝助						汝勵				汝勃	汝勛	汝勸
崇訏		崇訦	崇迺		崇暭			崇譔			崇謍		崇叐	
必宏		必𡗜	必超		必名	必嚶	必嗎	必清	必澽	必沐			必復	
		良櫻	良傣	良傪			良他	良蓁						

贈右奉直大夫不迷	善良	汝諸			
		汝說			
		汝謙	崇似	必漢	良璣
			崇僎	必遲	
		汝誼	崇備	必遏	良琬
			崇儼	必逈	良璲
					良玘
				必藡	
			崇修	必逷	
				必遵	良苙
		汝言	崇价	必達	
			崇俁		
			崇遊		

				太子右內率府副率仲踠	福國公仲纂		
					崇國公士异		
武節郎不佾			忠訓郎不緑	左班殿直不銳	三班殿直不危	保義郎	
善行	善術	善衛		善祚	善犨		
汝思				汝瑷			

					普寧郡公士稔									
不偶					右班殿直不騫		不偃	修武郎不他						
善澤									善緘		善紀			
汝晙	汝暘								汝璪		汝椨		汝䣵	
崇正	崇偳			崇佀					崇祼	崇禫	崇基	崇景	崇溫	崇譽
	必邋	必迎	必遡										必倓	必誣

			左侍禁士除									
			三班奉職不愚	贈武顯郎不抑								
				善修	善僅			善博				
		汝翼			汝貫	汝弼		汝晰				
崇賫	崇昔	崇辯			崇孩	崇昞		崇滐	崇湒			
		必橝				必櫝	必楠		必熙		必欐	
									良佀	良偰	良僊	良傒

								汝畋				汝普		
	崇濱		崇洄			崇□		崇珦		崇杰	崇琢	崇滐		
必栈	必优	必倚	必栲	必楝	必梴	必淙	必浦	必湜		必漋		必丞		
				良珒	良瑂			良全	良佖	良似		良坡	良坦	良浚
												友直		

								汝鏵			汝曇		汝晛	
	崇源			崇漢	崇浤			崇琦	崇璣	崇瑅	崇珍	崇瓌	崇灝	
必熊	必芝	必藏			必椇	必櫝	必檥		必柣				必栱	
良深		良琲	良[王木]		良瓘								良[亻與]	良作

					善時	善仁							善信	
			汝鉦			汝曦							汝鏜	
			崇潩	崇滮		崇迵					崇迷	崇𨑨	崇袣	崇裿
必淏	必授	必拂	必魚			必澄			必涇	必授				必鹿
						良僎	良倅	良傚	良偋					良徲

							汝答							汝洙
		崇禕	崇迵		崇翃	崇禶	崇堢		崇壕	崇墦	崇塳			崇祴
			必詯	必詄	必評		必鑊	必鉄		必夸	必泈	必淍	必澴	必梓
良徊	良徠			良彷										良瑨

漢國公仲來

右班殿直士書　彭城侯士俔

贈右千牛衞大將軍、追封魏國公不儻　贈武翼

汝逑　汝悤

崇澄

必烽　必燆　必燮　必焌

良轃　良輍

														郎不爭
											善洄	善聞	善魯	善策
											汝亦		汝久	
崇忠	崇荅						崇点				崇态			
必鉠		必熠	必潍		必焻	必焴	必渙	必浪			必瀍			
良濶				良玒	良璁					良鍺	良鐪			
									友墐	友璇				

											武翼郎	不懷	承節郎	不柔
			善信	善道	善琉									善富
					汝俶	汝儆	汝僅	汝倜	汝佳					
					崇湜		崇旺		崇槢	崇樓				
必錡	必杋	必栦			必檜		必譚		必倈					
							良泓							

				贈金紫光祿大夫士抃								
不吝	承節郎不侮	不俵		訓武郎不矜								
				善輔						善軫		
				汝直					汝強	汝南	汝圭	
				崇訓							崇祁	
				必康			必翬	必泰			必安	必豐
				良湄	良瑧	良玭						良肜
						友潔						

												汝眞	汝羲	
				崇文	崇岳		崇杓						崇瓊	崇璪
			必豈		必通	必潪	必住	必佮	必侶	必俰	必恪			
良膴	良膰	良準	良惠							良浴	良潰			

左朝散大夫不倚												
善譽					善舉			善及				
汝嶽	汝義			汝巢	汝岌	汝茀		汝耑				
崇檥	崇檬	崇桭	崇梅	崇槄		崇禝		崇禛	崇祵			
必𧗽	必僘	必戡				必咸	必戩	必塏	必增	必基	必燡	必炌
								良鐵				

				朝奉郎不吝	贈武略郎不伐							
					善蕢			善樸				
汝岠					汝渭	汝品	汝買	汝仛	汝[亻身]			
崇神	崇[礻翟]	崇[礻利]			崇邁	崇逶			崇漨	崇豐	崇夶	崇苾
		必[高土]	必坏									

太子右	贈銀青光祿大夫不愚	善𥛚	汝傍		
			汝乘	崇祁	
				崇𥚃	必瀯
				崇祓	
			汝傀	崇孟	
				崇俉	必珣
		善揆	汝俱	崇複	
			汝原	崇莊	
		善慶	汝儼		
	不息				
	不恙				

內率府副率士鏐　贈武略大夫士浚

武翼郎不競

善交　善廣　善廉

汝傾　汝柔　汝厷　汝翰

崇詣　崇喆　崇䆓　崇妙　崇稪　崇瑋　崇滄

必柖　必樓　必檈

	善膺								善清	善璪				
汝庸	汝彰					汝必				汝果		汝梁		
	崇琡	崇瓅	崇玞	崇璇	崇瑠	崇玎		崇琫		崇玗	崇雎	崇符	崇淡	崇稼
	必瀋			必崿	必滴	必潽	必況	必瀾						

						承節郎	不求		從義郎	不憂				
善擢					善能		善壽	善和		善壽	善嘉	善矜	善淵	善聰
汝激	汝笏									汝寘	汝淀			
崇鑑	崇錯		崇銓	崇鐩										
	必泊	必濾												
		良劉												

						武德郎士調						
			秉義郎不器			承節郎不窺	不忽	不暉				
善仁	善問		善潪		善譍			善迮	善闢			
	汝旺	汝昕	汝琄						汝聳	汝迹		
			崇燔	崇荚						崇宭		崇𡧍
				必塔						必灘	必漯	必濇

善閥

汝觀　汝履

崇信　崇誠　崇詑　崇詷　崇諰　崇鄮　崇鄘　崇郢　崇郘　崇郯　崇詾

必沈　必汎　必璘　必晦　必晙

	不佞													
	善惟													
汝鄴	汝壯				汝石									
	崇問				崇遷				崇蕡					
	必逌			必僮	必仿	必僝		必儓	必讚	必過	必逑	必詸	必詥	必誥
	良瀴	良萫	良沓			良望	良[illegible]							

							善服							
		汝菭					汝倅							
崇萎		崇譞			崇讀		崇璵			崇薁				
必琎	必譔	必瀾	必恮	必悁	必瞮	必俅	必徽	必𢓜	必徛	必彷	必柖	必樸	必杺	必檯

	善篤													
	汝侃		汝价									汝傅		汝傣
崇玏	崇詒	崇謜	崇楑							崇柁		崇襯	崇窵	崇宅
必律	必嘻		必沚		必渶	必瀼	必澨	必漝	必⿰氵適	必潒	必俅			必廥
			良鑫	良鑈	良鎏	良鐄								

										善參	善向			
			汝伏					汝佗			汝致		汝蘊	
			崇邊	崇逵	崇綵	崇緝	崇縺	崇櫨	崇栫		崇爾	崇灑	崇壆	崇金
必肩	必廞	必庭				必圭	必倅				必檀			

				士輥	武德郎									
不怱	不忒	不恙	承信郎	不息	武節郎	不欺								
善拂														
							汝雺	汝凱				汝穩		
							崇鏩			崇璶	崇瓀	崇璕	崇鏉	崇鉠
									必磻	必確		必淳		

			武德郎士趺											
				贈朝議大夫不吝										
善捀				善積						善穆	善礐	善醑		
汝茲	汝虉			汝雨			汝霏					汝碩		
				崇叡	崇梗	崇灝	崇瑰	崇淑	崇睦			崇哭		
					必莊	必楹						必俓		必倁
												良琛	良玶	

善歙			善蕙										
汝甡		汝佇	汝璒		汝瑮			汝璼					
崇楫	崇櫝		崇佑	崇佇	崇昴			崇苪				崇卣	
	必焰		必建	必廻	必𨘋	必逵	必燮	必遯	必𨓦	必蓫	必迫	必瀏	必鴻	必漯
	良堇												良㮘

												從義郎	士郖	
												忠訓郎	不其	秉義郎
										善衞			善仁	
	汝𤳻									汝溟	汝瀾			
	崇羲			崇狂	崇䝟			崇猍						
必滽	必鍉	必鈔	必鈹	必鍯	必鍭	必鉡	必鈌	必鑵	必鏥					

不亦				秉義郎不愚									
善仉			善⿰扌秉	善仁	善僔								善保
汝散			汝⿰口㐱	汝嚚	汝岱								
崇嘐					崇有	崇脊	崇胄				崇膏		
必治	必凝	必凉			必溡	必蔍	必⿱艹穫	必蘇	必薈	必藩	必⿱艹麗	必蘖	

		太子右內率府副率仲鉏	濟陽侯仲養			
			太子右內率府副率士隲	供備庫副使士伀		
	成忠郎不惑			忠翊郎不已		
善俘	善倞				善奭	
汝啓					汝德	
					崇寵	
					必酒	必适

										保義郎	不踓	不茹		
												善鋪		
					汝衍							汝違	汝礪	
	崇寧		崇卯		崇憙		崇恕		崇甯				崇裖	崇神
必述	必燨	必炬	必頣	必貯	必華	必苘	必宣							
			良衜			良詮	良僾	良佀						

贈武翼郎士驂

不愚　承信郎　不欺

善鉦　善鎬　善絳

汝⿱雨壽　汝靈　汝霆　汝零　汝雺　汝瑢　汝玶

崇芥　崇茵　崇蘇　崇⿰礻隹　崇棨　崇⿰氵柰　崇沚　崇遨

必筀　必篙　必錤　必鍔　必⿰金隶

良⿰土斗

												秉義郎	士⿰言奏	忠翊郎
									不岡	武經郎	不杌			
			善悊				善⿱石心							
			汝迪	⿺辶岂	汝遞	汝送	汝璠							
	崇杚	崇栓	崇柜		崇⿰王斗			崇瑵						
必⿰金會		必流												
良儷														

士掀														
不貳														
善斌							善材							
汝塈	汝汕					汝得	汝俯							
	崇超				崇赳	崇越	崇釗		崇鞏		崇利	崇□	崇叶	崇⿱宀亞
	必鈞	必銛	必鉞	必鍺	必鎧		必繙	必綵	必磁	必磲				
					良普									

善埴				善儐							善頎			
汝供			汝珹	汝僊	汝楊	汝儕				汝僃	汝僕			
崇禚	崇梲	崇檛				崇杶	崇櫪		崇楙		崇郊		崇鄆	
	必晼						必焆	必熯			必滷	必瀍	必宇	必礧

廣平侯	仲鏁													
武經郎	士𠊅	忠成郎	士種											
	不慍	贈奉直	大夫不	懫										
				善傑		善佳								
				汝諤	汝詸	汝諴								
				崇遴		崇連				崇遞				
				必籲		必晤				必昳	必晭	必曭	必暒	必暃
						良脞	良滕	良臛	良朦					

			汝諸	汝藹	汝讕	汝誺	汝諼			汝詠	汝讐			汝遴
	崇遯				崇霣		崇遡	崇遺	崇邋		崇迫	崇遷	崇迦	崇鏞
必晞	必根	必暳												

				汝造					汝遠	汝遙				汝浩
崇鏥	崇錀	崇鏝	崇鍒	崇罄	崇鑭				崇珢	崇寡	崇𡪠	崇賽	崇奈	崇瑱
				必瑛	必琉	必璕	必玳	必瑁						

														東陽侯
					眉州防	禦使仲	頣					北海侯	仲爍	太子右
						右班殿	直士滌	右班殿	直士逕	成忠郎	士寄	秉義郎	士柴	
												成忠郎	不憮	
													善竝	
		汝潛	汝繽	汝謙									汝謠	
崇珈			崇鐇	崇傑										
必任	必佫		必璾											

宗迵

內率府副率仲亨

太子右內率府副率仲彤

太子右內率府副率仲產

太子右內率府副率仲□

南康侯仲行												
建安侯士臬												
贈朝散大夫不迆												
善言												
汝瑽												
崇望				崇懿								
必倍	必綸		必儁	必代	必傳	必佀	必儈	必俔	必坡	必壘	必伤	必御
	良議	良詗		良諴								

														善行
			汝璯					汝璑			汝璔	汝玿	汝璪	汝廷
崇應	崇恝	崇意	崇蒞			崇萊		崇邠	崇郢	崇郜			崇[illegible]	崇域
必侒	必昒	必禔	必[illegible]	必佟	必仵	必德	必代							必豐

														武經郎
									右班殿	直不曲	不逾	不迎	不擬	保義郎
善積														
汝制				汝玥			汝洤	汝埛						
崇宋	崇孔	崇蘎		崇淄		崇柜	崇堦	崇麟						
	必儐	必燃	必鉞	必龠	必徐	必仛								
				良玴										

開國伯仲⿰口㒼										
士⿰米兆	右侍禁士宰	武節郎士⿺辶參								
不⿱宀意	不武	不惑	不侫	不怒						
善銛										
汝滄										
崇附	崇阡									
必逡	必遮	必錭	必鋘	必⿱宀意	必寍	必寗				
良坎	良垙	良⿰土亞								

1	2	3	4	5	6	7
汝渡						
崇暚			崇家	崇宔		
必倆	必⿰亻罟	必俜		必珅	必玉	必鋻

8	9	10	11	12	13	14	15
				善鎰			
汝澧	汝漪	汝崟		汝涘			
	崇䭲	崇傳	崇僕	崇柎	崇梐	崇杭	崇陔
			必稪	必獎			必璀

汝陰侯

武翼大夫士晫

不恕　不俗　從義郎不矜　不愚　保義郎不器　不黨

善寔　善察　善宏　善賈　善㙐　善相

汝沾

崇栫　崇僑

必琢

	鄆國公允	成												
宗育	遂國公、	諡昭裕	宗顏											
		華陰侯	仲連							太子右	內率府	副率仲	鎬	太子右
		太子右	內率府	副率士	曫	巴州刺	史士頫							
						三班奉	職不扳	保義郎	不乖					

安陸侯宗訥				
內率府副率仲丹	贈右屯衞大將軍仲繊			
太子右內率府副率士馨	盐川侯士舜			
西頭供奉官不伐				
善淵				
汝巄				
崇義	崇焞			
必大	必璘	必硡	必斫	
良弼	良能	良眞		

		訓武郎不磷	武翼郎不憂	不已	忠翊郎不危	從義郎不懼	訓武郎不惑		
善明	善權						善樺		
							汝鵬		
							崇先	崇丙	崇降

	汝醴							汝櫄	汝栗					
崇和	崇實			崇盱			崇宇	崇拱	崇筆	崇慭				
	必至	必城	必章	必爲	[illegible]	必倂	必緯			必握	必揀	必掄	必据	必掖
										良柊				

											善述			
											汝霑	汝詩	汝埏	
	崇畾					崇笈			崇偏	崇衕	崇洞	崇象	崇婓	崇裴
必圻	必徙	必壤	必坊	必畤	必坑	必鐵	必鈁	必鐙		必櫢		必漊		

贈太子右衛率府率宗頡
華陰侯宗鼎

申國公諡良信
仲嬰

太子右內率府副率士翽
太子右內率府率士弇
榮州刺史士褰

不虧
訓忠郎不隳

崇雄
崇滜

必鑾
必啅

良埧

修武郎	不愆	承直郎	不謀	武經郎	不苛									
					善涇									善時
					汝棨	汝梓							汝義	
						崇楚	崇肅	崇升	崇撅	崇滉	崇洄			
							必瓗			必砦	必愉	必愷		

	文林郎	不識														
善能		善潛										善珣				
		汝惟									汝惕	汝球	汝琢			
		崇訂			崇祋	崇諭							崇憲			
		必邀	必迂	必邅	必靁	必篷	必逕	必逗	必機	必趟			必芾	必恚		
				良濱									良椮			

								華陰侯	士仟					
			不忍	保義郎	不殊	不悚	不愚	修武郎	不懈					武翼大
		善津							善彰	善友	善信	善時	善誘	
	汝舒								汝籲					
崇寓	崇僃													

夫不瑕	善繼				
	善囂	汝畊	崇慷		
武節郎不愚	善守	汝聽	崇約	必儉	
				必誠	
			崇繹		
			崇繼		
			崇純		
		汝作	崇惪		
			崇慈	必迵	
			崇耻		
			崇忍	必悅	
				必愢	
		汝迨	崇涇	必櫞	良鑐
			崇清	必楡	良璠

								善暕						
汝柟	汝猷							汝爲		汝偉	汝耄			
崇本	崇儉		崇仁					崇禮	崇謳	崇紘	崇剡			
必錫	必玨	必譓	必佁				必澥	必壽				必[木劉]	必檖	
		良鑽		良瑼		良[王余]	良瑨							良碧
					友鍑	友鎬								

武翼大

善同
善誠
善稽

汝相
汝居
汝湛
汝協

崇煥
崇質
崇軾
崇轍
崇輖
崇輕
崇奭
崇勣
崇榘
崇鼐

必[illegible]

夫不思										修武郎不惢			
善強	善廣		善或							善應	善導		
汝忱	汝槻	汝秧	汝軫		汝東	汝軝					汝師		
崇事			崇秤	崇徭		崇壞			崇弨		崇皆	崇辛	
必榰						必璙	必琝	必護	必讛		必鉽	必銍	必鏂
良徊													

										善息		善庚		
汝紀									汝彇	汝準	汝時	汝徐		
崇炚	崇蕃	崇展	崇坐	崇瓗			崇璉	崇琖				崇淪	崇渟	
		必鉗		必鎌	必鏶	必錢	必鈔					必相	必樸	必樵

汝該							汝捷				汝諦			
崇淪		崇漕					崇渤			崇汜	崇汎	崇涓	崇慄	崇惼
必瀴	必淙	必榯	必榔	必桴	必槽	必樗	必鏷	必鑨	必鎊					
		良坓												

	如京副使士評							右侍禁士琗
保義郎不黨	右班殿直不危	保義郎不比	承節郎不蠹	成忠郎不懼	不剛	不弊	不革	不危
								善交

從事郎	不梗	贈秉義郎不遷										
善褒		善泰	善詠									
			汝乙			汝丁				汝遯		
			崇侒		崇磬	崇儀	崇傿		崇偤	崇儁	崇傛	崇儆
			必葵	必薹		必濂	必繹	必絹				必遭

													贈朝奉郎士瓻	
													贈朝議大夫不	
	善珅						善漸				善兌	善筰		
汝夫	汝冀		汝敞				汝衜	汝菖	汝繪	汝蕑	汝檔			
	崇治		崇召		崇羲	崇音		崇整						
	必钃	必鐖	必縢	必胙										
			良鏜											

系														
善儔					善倫	善攸	善惴			善佚				
汝週							汝遜	汝連	汝遹	汝恞				汝慆
崇瑞	崇琛		崇璡					崇豪		崇灌	崇[illegible]	崇塘	崇湮	崇想
必前	必勳	必熹	必鋗	必録				必滔				必輐	必櫅	必瀘
	良材	良馭						良鍔						良端

						朝散郎	不疑		承事郎	不非				
							善嘉	善淑		善勳		善君		
					汝惰					汝暵	汝且	汝國		
崇憑	崇悲		崇蕙		崇代					崇秀		崇厔	崇楊	
	必扔	必棡	必壓	必坙						必輅			必涂	必畬
		良瀸												

						承直郎不矜		贈朝散大夫不弊				
						善達		善彶				
	汝同			汝劉	汝扁	汝巳		汝淑	汝成	汝堅	汝恩	
崇幹	崇皋		崇仵		崇竢	崇瑤						
	必寧	必宧			必暐	必乂	必充					
		良滁				良儴	良仩					

		左侍禁士岐										
		秉義郎不滿				忠翊郎不踈						
		善敎			善佑	善僎	善仍					
汝系	汝許	汝立			汝鍶	汝賷					汝訒	汝曒
			崇待	崇徑	崇循	崇侳		崇鍥	崇鉉	崇曉	崇昞	
			必郉		必邵	必迅		必濛	必浙			

						東平侯	仲噲	
	內殿崇班士漎		秉義郎士薺	武翼郎士宛	武翼郎士堊	太子右監門率府率士	歙	博平侯
	不己	不器						左班殿
汝繙								
崇鍌								

士諍				贈右中大夫士瑃				
直不膠	左班殿直不撓	不害		秉義郎不違		忠訓郎不朋		左朝請大夫不茹
				善逸	善遠			善池
								汝勃
								崇膏

汝勃	汝勒
崇膏	崇𢡾

					右侍禁	士剛								
	不遲	不速	不荒	不迎	承信郎	不諒								
						善籥								
						汝濱								汝亶
崇懋						崇根	崇比	崇嚧				崇呦	崇蓋	崇嘉
								必檔	必棣		必梯	必捪	必爏	必檮
								良熷	良鍑	良陘	良至			

成忠郎　不硜　不器

汝溶　汝洋　汝浸

崇棻　崇櫟　崇喜　崇及　崇昍

必橉　必榎　必榑　必橦　必檄　必鎌　必盜　必𠆳　必衙

良衍　良溸　良伳　良倈

彭城郡公宗嚴			
同州觀察使仲廣	太子右內率府副率仲新	洋國公仲防	
		太子右內率府副率士琅	贈左領軍衛將軍士觀
			忠翊郎不隋
			忠訓郎

左侍禁士專

不珪　保義郎不剛　成忠郎

善頔

汝澄　汝沂　汝汶　汝湑

崇灦　崇汸　崇遷　崇遽　崇逖　崇逭　崇[illegible]　崇浧　崇遹　崇汏　崇遨

必估　必軫　必輪

武經郎士喦

不敳
不珪
不噪
從事郎不憒
朝散郎不溵
承信郎不涓
成忠郎不沮
不老
不濫
不徂

善道
善楗
善化
善認
善調

右班殿直士旁
武翼大夫士蘊
供備庫副使士傈

忠翊郎不桎
不物
不致
不悒
不桂
忠翊郎不求

善嘉
善謥
善訓
善許
善諤

								武翼郎	士倭	右班殿	直士工	武翼郎	士椌	
													不澱	不渺
善弼														善大
汝瑚	汝玲				汝璋		汝珥							汝燢
崇湄	崇宁	崇鉀	崇堁	崇墢	崇錄	崇鏷								

世	右 → 左
一	
二	
三	
四	贈右衛大將軍仲商
五	太子右內率府副率士治　右侍禁士⿰口帚
六	不同　不囂
七	善嗣　善誼　善仁　善抱
八	汝浩　汝埊　汝厓
九	崇壢　崇滌　崇澈　崇浙　崇縵　崇錄
十	
十一	
十二	
十三	

		左屯衛大將軍士緌				武顯郎士稭				
不毀	不息	不暉	贈訓武郎不凝			左承議郎不悱				
			善長	善亨		善循				善修
			汝晝	汝琿		汝懷	汝懌			
			崇桔	崇佳	崇梯		崇遴		崇⿺辶全	
			必堮	必瑄	必檯		必⿰言祭	必誴		
					良熠					

左文林郎不作　左從事郎不恍　不愬

善縱　善最　善堅　善瑊

汝慥　汝懐　汝惴　汝叚　汝蘗

崇傑　崇倆　崇仢

必趯　必迺

良璽　良堅　良瑩　良廛

						南陽侯仲檜				
					左班殿直士蔄	武節郎士舡				
						忠訓郎不惑		忠訓郎不過	不速	保義郎不透
		善瑜	善璨	善瑢		善進	善任	善倓		善侔
汝輅										汝瑅
崇陛	崇松									崇甜
必絤										

				武節郎士至							
不遷		不適	不改	保義郎不壹	贈修武郎不競						贈忠翊郎不同
善侊	善佚	善道	善進		善銘						善俊
					汝塏	汝頼	汝溡	汝揆	汝止	汝楧	
						崇樂	崇齒				
							必鑣				
							良壞				

忠訓郎	士階													
承信郎	不欺											不慍	成忠郎	不回
	善民	善晉					善普				善正			善政
	汝弼	汝璧				汝壦	汝齡	汝鍉	汝烀	汝唔	汝神			汝杆
	崇撤	崇崒	崇減		崇攌						崇琥			
	必顠	必纅	必紬	必繶										

														右班殿
										承節郎	不悱	保義郎	不㦖	
			善致	善斆							善學		善袞	
汝儀	汝持	汝廉		汝霖		汝睭		汝圜	汝閟				汝悁	
崇烯	崇傻	崇扂		崇鍉	崇器	崇官		崇[艹/耑]						
					必蒽	必熑	必爍							
					良轢									

直士羡	右班殿直士銖	士邈										
		不戁	忠翊郎不悚					不克	不隱			不殖
			善質				善瀍		善紀		善晰	
			汝柔			汝學	汝孺		汝肖	汝琮	汝薪	
			崇審	崇廥	崇座	崇譽			崇廱			

安陸侯宗魯							
濟陰侯仲隨							
贈右屯衛大將軍士茂	河內侯士耕	贈朝散大夫士諕					
	左侍禁不盈	不怨	贈通議大夫不猷				
			善養				
			汝或				汝竑
			崇勛	崇勸	崇勤	崇勱	崇助
			必鼎	必巽		必觀	
			良璪	良滋			

				善羲	善蔚									
		汝忱	汝煒		汝澂				汝滋		汝沶			
崇勱	崇昜	崇劼			崇𤩽	崇鐻	崇榏	崇梴	崇梧	崇梢	崇榕		崇黏	崇樓
	必峴								必焞	必焟	必琅	必玥		

普寧侯宗儒

洋國公仲銑　贈右屯衛大將軍仲喜　馮翊侯仲盤

右監門衛大將軍士際　東陽侯士鯁

訓武郎不忮　朝請大夫不求

善觶　善虞　善嶧　善玣

汝虎　汝洿　汝瀀　汝沿　汝賀

崇嵎　崇稹　崇鏊　崇鋻

必玜　必轓

					必軹
	忠訓郎不違				
	不恍				
右班殿直士寘					
贈右朝散大夫士諕	從事郎不遯	善歸	汝忽		
	不慓				
	左朝散郎不化	善拯			
		善揆			
		善揄	汝習	崇鋙	必迪
	左朝請				

武節郎士寰

郎不助
贈從義郎不將
左朝請郎不迎

善久
善信
善端
善愔
善邁
善過
善遇

汝益
汝復
汝酢

崇家
崇珅
崇顨
崇鐫
崇撫
崇㨨

必鍥
必鑬
必鑿
必泮

			武經大夫士永		武經郎士覼							
成忠郎	不殆	不競	不武	保義郎	不憚	承信郎	不揚					
	善賢						善顯	善潁	善額			
									汝欽			
									崇璞		崇琱	
									必邈	必浯	必遂	
											良榕	良格

											善顔			
					汝鎮						汝侍	汝堒	汝玣	
			崇⿰土夜	崇蒀	崇薵	崇菁			崇薈	崇藥			崇傔	
		必澪	必漉	必溫	必寀	必家	必寘	必宁					必靑	必宋
良椽	良樺	良悠						良滏						

					保義郎	不惙								
				善獺		善琈								
		汝髓		汝棧		汝巇	汝爓					汝湀	汝焯	汝賛
崇傳	崇咦	崇侏					崇肖	崇育	崇莽	崇肎	崇䁬			
		必宏	必究								必游			

左班殿直士藟	武翼郎士樊									
	修職郎不佚	忠翊郎不遽							承信郎不迮	
		善招				善榆			善言	善詣
		汝溫				汝漾	汝涯	汝煲	汝數	汝慢
		崇似		崇峻	崇豐					崇燷
		必珪	必瑑	必璜						

											汝陽侯	仲午		
					武經郎	士箕	朝奉大	夫士井			左班殿	直士愠		
							從政郎	不斐	不迿	不迷		不矜		
		善謠						善同				善言		善亶
	汝堃	汝囦	汝琁	汝檥								汝□	汝樂	汝平
崇滑		崇涇											崇□	

									右侍禁士僂				左班殿直士萬	
								不代		不屈	從政郎不倚			
											善壽			
汝克	汝宏		汝𢡺			汝悏	汝[illegible]							
	崇惷		崇卑	崇䡮	崇秭		崇徖							
	必[illegible]	必偃												

南康侯宗仁

太子右內率府副率仲勵

太子右內率府副率仲

右班殿直士輇

忠訓郎士翰

從義郎士曭

秉義郎士彪

不邇

果	景國公仲篪									
	太子右內率府副率士模	東頭供奉官士富								
		贈武功大夫不榴			忠翊郎不滯					
			善彤			善匱	善艮			
			汝棐	汝恭			汝敉			
			崇型				崇奎	崇儋	崇偫	崇佗
							必泅	必敎		必散

	左侍禁士顗			武德郎士芊					
秉義郎不奢	修武郎不惰		武節郎不恬	承節郎不違	成忠郎不秉				
	善豆		善叶		善譚		善誠		
	汝辟	汝誠	汝鏧		汝爵		汝霣		
		崇逜			崇響	崇昔	崇蓸	崇曆	崇沓
						必昨	必遠	必玆	必菖

			贈武功大夫士襲											
			贈武略大夫不愿											
		善誘			善湅									
					汝昂									
					崇忻	崇㦖	崇悅	崇愉	崇怡		崇惃	崇懍	崇憓	崇㤨
必芢	必拳								必迢	必遙	必迋	必邃		

														成忠郎
											善源			
		汝昪				汝昱	汝晢	汝昪			汝暈	汝昺		
崇懊		崇恮				崇慨	崇恍	崇悏	崇怈		崇恫	崇憿		
必倈	必[亻念]	必作	必遙	必還	必邇	必遞	必藟		必趯			必玽	必瑙	

不暌

贈武義郎不躐

善濡　善泌　善涳　善瀴

汝蓺　汝里　汝䙝　汝魰　汝棚

崇鑒　崇貫　崇費　崇贔　崇賈　崇貲　崇賀　崇燴

必璆　必瑪　必璲

							左班殿直士逵	中奉大夫士搴		
			武翼郎不飾					保義郎不擅	訓武郎不處	
善淙			善汲			善濯			善遂	
汝儀	汝优	汝佮	汝效	汝敝	汝軙	汝燀			汝寀	
			崇綉		崇統				崇浸	崇濫

					成忠郎	不識	承節郎	不尤	不忽	朝請大	夫不比			
						善述					善遽	善遠	善途	善還
汝髤	汝彙	汝桀		汝集		汝求					汝籤			汝科
		崇榆	崇橡											

		忠翊郎	士禹	忠訓郎	士来									秉義郎
					不繆									
					善鋽	善郶	善嶢				善從			
汝穠						汝顒	汝賈				汝瑜	汝睬		
崇峉	崇呇						崇料	崇繼				崇詅	崇誃	
								必紋	必綜	必綨			必俄	

士謷	贈修武郎士莊											
	贈武節大夫不割							不忽	從義郎不薄			
		善稷					善梱		善斌			
		汝麒	汝聘	汝彪	汝涔	汝沰	汝逄		汝儉			
				崇璉	崇[illegible]	崇烓			崇追			崇遛
					必[illegible]				必椐	必楎	必猗	
					良塈				良焄			

								崇迗	
							汝縛	崇遜	必樬
								崇遲	
							汝僵	崇暯	
								崇蕡	
						善捷	汝僾	崇瀎	
								崇洅	
							汝傔	崇潎	必乘
							汝傆	崇濩	
							汝仉	崇郿	
							汝僨	崇瀫	
							汝琜		
							必班		
			高密郡	東陽侯					
			公仲弓	士韜	不儒				

忠翊郎不茹		成忠郎不投	不蓬	修武郎不薁							
善學	善舉			善贇	善茂	善彬					
						汝翮					汝翻
						崇燥			崇焰	崇燭	崇焆
						必鋹	必鉹	必鉚			必鐵

													武功大夫士區	
								不萌		承信郎不荒	不華		修武郎不諳	
													善柔	善謍
				汝翽										汝威
	崇焜	崇烊	崇熽	崇爖	崇齌	崇煥	崇烴							崇諶
必鏄				必伏			必儆							

										訓武郎	不誣			
善謍	善弌							善祥	善直		善剛			
	汝仝						汝佥				汝亨			汝卓
	崇笨	崇軫		崇近	崇酋						崇翼	崇劭	崇企	崇嚞
		必浯	必潡		必鞆	必釛								
						良鐈								

												漢東郡	公仲弗	
								左侍禁	士瑕	忠訓郎	士蕭	敦武郎	士騆	
							不訛	保義郎	不擇			從義郎	不抗	
													善胃	
				汝右	汝儉								汝章	
崇籥	崇車	崇甡	崇瑠	崇鍼	崇羼	崇葆							崇僻	崇俔
			必瀸	必溲										

	汝琤										汝璔			汝璹
崇僾	崇倢		崇侊	崇僑		崇㴉	崇溥	崇漸	崇灟		崇僊	崇佛	崇俟	崇從
	必鈿	必鏢			必銅		必林		必鉛	必鍱		必濡		必鑭

							修職郎不佞	成忠郎不侮				
善甲					善由	善軸		善揖	善材	善楷		
汝堅	汝道	汝煥								汝珣		
		崇洴	崇灑	崇滴						崇佃	崇傂	崇塄

宣義郎士囷　宣教郎士榛

承節郎不僢　不倚　不閡　保義郎不鬬　左從政郎不戚

善奇

汝緝　汝繗　汝結　汝濡

崇櫝　崇櫟

簡國公、謚良顯仲談	右班殿直士誠			
	贈通議大夫士鷟	成忠郎不愢	善達	汝瓘
			善從	汝圂
		朝請大夫不愁	善稱	
			善琈	汝[illegible]
		不懃		
	左班殿直士守	不辱		
	贈通奉大夫士費	右從事郎不搴		

						中大夫贈朝散大夫不志	士鵬
從政郎不念	通直郎不忩						
善困	善譓	善畬					
汝究	汝宿	汝宙	汝寘	汝宜			
崇佩	崇儶	崇倨	崇偌	崇增	崇徯	崇儼	
必嘔	必沅	必澔					

							贈朝議大夫不懖					通直郎
							善訓					
	汝秝		汝竀	汝寏			汝俌					
	崇僬	崇偬	崇傪	崇城	崇嵁	崇堲	崇衛					
必湓			必潩	必澫			必焄	必熈	必熏	必焦	必㷊	

							高密郡公仲稜		
			秉義郎士錚				贈武翼大夫士堅	敦武郎士忤	
不帖			不慼	承議郎不恐				忠翊郎不侈	承節郎
善謙				善誥		善認			
汝損	汝鈹	汝錤		汝璿	汝蘋	汝偋			
	崇煁				崇汕				

不侗									修武郎	不測				
善紘										善紹	善績			
汝綳				汝諂			汝惆	汝壎			汝梃	汝杜		
崇汼	崇瀏			崇漌	崇瀼	崇逮	崇漨					崇巡	崇遲	崇運
	必哪	必哃	必晐										必效	

忠翊郎	不儔				從義郎	不儆							不倨	
	善絉	善緯	善績	善繼		善儒							善綵	
	汝搼	汝欑	汝檮	汝桐		汝篪						汝棣	汝微	汝烝
			崇燎	崇炵		崇焠	崇烽	崇⿰火矣	崇烻	崇⿰火旧	崇票			崇𢿫
			必墫	必垍										必湝

														不倥
										汝羔				
崇禱	崇禳	崇衧	崇祄	崇行	崇瑜			崇溵	崇渾	崇璩			崇⿰金卿	
		必襲	必棄		必梴		必樴			必霳	必⿱雨壽	必霖		
					良賜	良旺								

從義郎士儐													
不琪													
善庬	善家					善醇		善宛					善毫
汝搴	汝苣				汝蕘	汝蓮	汝稭	汝藼	汝榮	汝棡	汝橝	汝稻	
崇稂	崇沁	崇栖	崇種	崇極									

				武經郎	士珽									
				成忠郎	不謚									
善幸	善枕				善緡									
					汝栢		汝櫛	汝柣	汝楬			汝棖	汝橅	汝槦	汝楛
					崇焌	崇煓		崇熑	崇爋	崇[illegible]	崇[illegible]			崇[illegible]	崇烽
					必堞										必聚	必泉

右侍禁宗奭

從義郎士助

不勔

汝梃　汝檏　汝檖

許王房

許王、贈皇太子、謚昭成元僖

二子不及名，以允成子繼其孫。

新平郡王、謚恭靖宗保〔二〕

贈安德軍節度使、謚純僖仲恕

燕國公士盉

忠訓郎不惑

善元

從義郎不偕													
善述	善士	善品						善容	善千	善厚	善後		
	汝得	汝陳			汝見				汝益		汝惠		
		崇甚	崇潮		崇注	崇洑	崇誊		崇綡		崇𦎫	崇襄	崇㐭
			必恂	必昊					必玟		必槤	必櫟	
									良錭				

不傷														
善泰									善敍					
汝進				汝玖					汝徽					
崇春		崇監	崇是	崇慄	崇圖	崇羃	崇芬		崇接			崇抖		
必瀾	必洴	必濨	必瀸	必汧		必鉿	必銘	必美	必懖	必侂	必悟	必恙	必憤	必忲
										良墊				

	右侍禁士皁	贈銀青光祿大夫士泊									
		贈通議大夫不柰									
		善麟	善瓘	善璿						善璛	善瑨
			汝倅	汝員						汝伸	汝侁
崇拯				崇霮	崇萬		崇𤋳		崇崴	崇仟	崇潑
必濼					必𣏕	必杬	必欒	必櫱	必犴	必栐	
					良淌					良坙	

朝請大夫不吝

善擴　善瓌

汝倭　汝願　汝湨　汝俍　汝袞

崇流　崇汧　崇淲　崇濇　崇涫　崇溢　崇㳅　崇紬　崇繼　崇綖　崇綷　崇惲

必可

				彭城侯仲鞠					
	右侍禁士請	成忠郎士乂	成忠郎士廓	武翼郎士諰					
不斂	承節郎不滿			成忠郎不降	武翼郎不革	不斁			
	善浦					善勑			
	汝矜					汝傞	汝仟		
							崇湟	崇淍	崇準

		東頭供奉官士熠								
	不抑	贈從義郎不溢								
善劶		善齊	善掄	善侊			善忱			善愉
			汝倰	汝顓	汝俰	汝仜	汝矦			汝偆	汝偲
							崇歋	崇廉	崇庬	崇隴	崇郝
									必蕢		

		武經郎士詮							
不濡		忠訓郎不磷				忠翊郎不備			
善憯	善嗣	善吟	善唐	善迵	善同	善遙	善遯	善篴	善運
		汝頎	汝鐼				汝莘	汝芟	汝苯
		崇仕					崇衡	崇淩	崇俙

汝蒖	汝塼	
崇倅	崇便	崇僎

漢東郡公仲杵	榮州防				
右班殿直士曣	右班殿直士鵷	右侍禁士劉	右班殿直士暉		
訓武郎不祑	不儒				
善奕	善享				
汝⿰土复					
崇⿰亻無					

右班殿直士祿	禦使仲諗	

校勘記

〔一〕恭靖　原作「泰靖」，據宋會要禮五八之八四、東都事略卷一五昭成太子元僖傳改。

宋史卷二百二十八

表第十九

宗室世系十四

商王房

商王、謚恭靖元份
信安郡王、謚僖簡允寧
韓王、〔一〕謚榮恩宗諤
贈左領軍衞將軍仲侃　惠國公仲迁
太子右內率府副率士

丘 太子右內率府副率士藪

不揆 修武郎不違

善廉

汝泗 汝潤

崇垐 崇尌 崇嵎 崇峽 崇戭 崇烋 崇爌 崇燀 崇炳

贈右朝奉大夫士寔											秉義郎
贈右朝請大夫不華						宣教郎不諫					
善政				善敎		善辨	善戎	善弌			
汝灝	汝川	汝騁	汝解	汝經	汝績			汝方		汝文	
								崇德			
								必鐟	必聽		

惠國公、	諡敦孝	仲越			
士奧	贈保傲	軍郎公	衛〔二〕	房國公、	諡良僖
士宙					
三班奉	職不擇	從義郎	不陂		
善迣					
汝能	汝堅				
崇獻	崇太	崇乂			
必迻	必暹	必迊	必達	必違	
良和	良宏				

崇奐　崇夷　崇史　崇奕　崇突　崇交　崇筴　崇奮

必迹　必逌　必運　必遘　必蓬　必玶　必玑　必瑨　必珇

良寗　良璂

	汝諸										汝申			
崇臾	崇猷										崇賜	崇夙		崇久
	必淑			必浥								必鏷	必鏵	
	良傑	良儆	良侑	良信		良仲	良价	良侑	良㑷	良侮		良灊		
			友杯	友集	友渝		友坦							

							忠訓郎不倨	保義郎不柔	忠訓郎不忐	成忠郎不⿰忄咸
				善孝	善長	善學				
崇蓁		崇官								
必鋂		必鋙								
良⿰王豪	良璓	良橌	良樛							

				左藏庫副使士塚		內殿承制士垺	武翼郎士僊
忠翊郎不溢	保義郎不煬		不耀	忠訓郎不器	承節郎不古		不比
	善珪	善理					

								贈通議大夫士⿱雨夔			
不朋	承節郎不回							左中奉大夫不溢			
	善膺	善卞			善康	善麻		善瑄			
		汝咨	汝鸞	汝評		汝甯	汝莘	汝槢			
			崇鐔	崇褣				崇僠			崇偘
				必循				必泰	必亨	必奕	必遷
								良緝	良維		良繹

							善琦							
				汝棆			汝傑							
	崇臤	崇宲		崇嵒	崇嵆	崇豆	崇衢					崇惪		
	必邑	必庢	必庲	必槷	必瑢	必懞	必悤	必烝	必㥁		必□	必賓	必宮	必懃
良縉								良綬	良綵	良纚				

太子右內率府副率仲黶

成王、謚孝良仲

贈眉州防禦使

武德郎

汝倢

崇則　崇訃　崇乖　崇中

必邁　必造　必遷　必澧　必遡　必依　必致

良埒　良統

營														
士詠														
不同														
善諫										善謀				
汝可										汝諏				
崇極	崇積			崇松				崇檠	崇枝	崇念				崇忒
必秉	必楷	必棔	必椨	必俔	必候					必兖	必沸	必涅	必澌	
					良杆	良極	良檯							

													成忠郎	不凡
										善言	善詥			善詢
汝資				汝簨							汝焚	汝奚		
崇僤	崇儥		崇鏵	崇遞	崇愬	崇悉	崇懸		崇態					
	必慨	必垹	必朶				必微	必彿	必衢					

不俗		保義郎不武											右迪功郎不役	
		善議	善恩										善覞	善拜
			汝琡					汝瑔		汝玐			汝簏	汝闟
			崇丕	崇鍇			崇[金甬]	崇鉻	崇銕	崇[金身]			崇顒	崇錞
				必濂	必泗	必泓				必浡	必淞			必樓

成忠郎不廢　忠訓郎不由

善經

汝葉　汝畚　汝皰　汝葥　汝端

崇義　崇善　崇銂　崇鐃　崇銀　崇鑿　崇鏨　崇源

必杓　必榴　必儲

													保義郎不斐
										汝綜	汝綰		
崇諰					崇諆			崇諳		崇謰	崇諸	崇諛	
必弇	必備	必倢	必俱	必侊	必儲	必倂	必僜	必僧	必佯	必僝			

不朋		武翼郎不塵								武經郎不勢		
善戈		善瀷	善訐	善⿰言斯			善紘		善譆	善廩	善鍹	
汝方	汝文	汝陸	汝偶	汝作	汝儌	汝仡	汝昌				汝⿰王取	汝⿰王参
崇德	崇烰						崇爛	崇炂				
必燸												
良珦												

				左班殿直士潘	左中大夫士穩							
		不迷	不言		武德郎不邪	右儒林郎不頤						
						善迁						
汝稑	汝蠕					汝警						汝辨
						崇慕			崇淩	崇沛		
						必瓘	必琔	必現				

				贈武翼大夫士竘						
			右從事郎不降	武經郎不微		修武郎不䂮				
				善時	善式	善逑	善遒		善这	
汝訣	汝譬	汝訏			汝芳		汝諴		汝諫	
							崇筌	崇簶	崇祼	崇撫

													贈左中奉大夫
										不凋			忠翊郎
					善遴					善德	善侄	善迪	
					汝課			汝詧	汝朁		汝灦	汝[illegible]	
崇槤			崇拚	崇擛	崇鋅	崇鍝	崇銻	崇鍞	崇鐷		崇太	崇夰	
必嚋	必時	必噪						必[illegible]				必德	

士㟴														贈正奉
不殫	贈正義	大夫不	衰											
			善俊											
			汝正	汝將		汝就	汝躋						汝聿	
			崇[氵庶]	崇涌			崇倡	崇澇		崇稹	崇荳	崇苕		
			必[金豕]	必枻	必相			必煻	必焠					
				良熜										

大夫士	靖													
左朝請	郎不退													
	善宿													
	汝伯					汝僎		汝像					汝倘	
	崇操	崇格	崇柄	崇楷		崇握	崇撙	崇楷	崇摠	崇掄	崇撫	崇扶	崇擢	
				必磷	必礅						必濛		必琱	必[illegible]
											良[illegible]		良鐖	

贈蘄州防禦使不迮

善宓

汝佚　汝儻　汝侅　汝復　汝倛

崇時　崇捷　崇挺　崇採　崇瑃

必玢　必烟　必炂　必燔　必熷　必烓

良瓑

					善僚			善官						
汝傛	汝儴	汝侍	汝松	汝侐	汝例	汝僿	汝埣	汝璒				汝瓊		汝琳
							崇瓀	崇遭	崇迁	崇遠	崇適	崇逃	崇茝	
							必傑							

												西頭供奉官士
							不昬	不逆	從義郎不逾			
		善介		善宁		善宋			善託			
汝瑠	汝芜	汝瑫	汝玗	汝硃	汝碻				汝泉		汝隸	
			崇陝						崇稑		崇遷	
									必瀧	必澶		

悰	左朝請大夫、直秘閣士源	左迪功郎不瘉〔三〕		
		將仕郎不邅	善監	汝度
		不嚚		
	修武郎士端	贈奉直大夫不琢	善鑪	汝易
				汝导

汝易	崇止
汝导	崇愔
	崇[火卿]
	崇[火定]

								善鉽			
	汝耆			汝曣			汝瞍		汝昛	汝倈	汝弇	汝促
崇煠	崇椊	崇樕	崇樺	崇膝	崇臛	崇肵	崇盪		崇朏	崇僶	崇椸	崇訋
							必垷	必寶				

善鍠					善鐩					善鈵				善銳
汝儦				汝晲	汝磻	汝來				汝砉	汝彤	汝誅	汝迣	汝滇
崇旃	崇汴	崇流	崇膳			崇篪	崇骼	崇僾	崇微		崇盤			

少師、通義侯仲料

左班殿直士泚　贈左通

訓武郎不漏　贈太中

善鉊　善鉞　善鍱　善鋾　善簡

汝潏　汝蜯　汝率　汝詃　汝誇　汝膾　汝晝

崇瓌　崇騂　崇昐　崇臕　崇膽

議大夫	士隩													
大夫不	舟													
	善時											善敏		
	汝宜											汝良	汝玉	汝塹
	崇令	崇巳				崇報								崇昌
		必言	必克		必埗	必仁	必照	必沖	必梓	必濼	必瀅			
			良珅	良珪				良瓊						

崇素								崇冠	崇綰			崇蘊	崇[扌胕]	
必權	必侁	必儔	必綽	必讜	必址	必堅	必許	必[亻發]	必倦	必[亻憲]	必价		必傈	必仉
良鏞														

						善淵	善應	善養						
								汝俔						汝伕
			崇誧					崇樸	崇欅	崇櫓	崇構	崇杠	崇橺	
必僭	必佞	必佚	必津	必機	必極			必汯			必敔			
			良玞											

					善殊			善貸	善從					
汝儙			汝伊	汝偵	汝祈				汝灼					
崇齊	崇率	崇晼		崇滓	崇憋	崇東			崇書		崇拼		崇翾	
必習					必謐	必訒	必辻		必訢	必諶	必倘	必懷	必欘	必杜

贈朝議大夫不傲

善期　善鉉

汝乙　汝鏞　汝重

崇徬　崇範　崇篚　崇作　崇傑　崇雍

必輝　必聽　必待　必適　必揚　必邋　必遺　必逃　必曄　必爍

良娣　良瑇

右從事郎不俚

善嵱　善炤　善噭

汝杓　汝圻　汝燉　汝滸　汝万

崇舒　崇彭　崇[illegible]　崇偶　崇課　崇晙　崇禗　崇宜

必遲　必像　必什　必俟

		汝租	崇祫		
		汝衢	崇坻		
			崇垎		
			崇圩		
贈朝奉郎不倚	善修	汝燧	崇禥	必受	良胥
					良淞
					良濉
				必琜	
		汝翚	崇適	必廖	
				必嶓	
				必庾	
		汝張	崇煗		
			崇蓪	必曨	
		汝佌			

善郢														
汝辛					汝俉	汝笙								汝滎
崇⿺辶昃	崇邃	崇遃	崇遲	崇遼		崇⿺辶支	崇⿺辶涂	崇⿺辶浚					崇⿺辶⿱罒巽	
								必玗	必珩	必瑲	必玖	必瑒		

	贈朝奉郎不伐											右修武郎不爲
善利	善齡											善祥
	汝潤								汝渲	汝沚	汝溪	
	崇粹			崇椿			崇煇		崇訓		崇壂	
	必嶧	必燦		必鈺	必鍊	必錄	必梓	必侅	必榛		必傆	
		良福	良祿	良坤		良夭		良汜			良衢	

徐州觀察使仲仰									
敦武郎士觧	左班殿直士招	武翼郎士謙							
保義郎不咎	不求	保義郎不吝							成忠郎不紊
善繼		善思							善譢
		汝佯							汝潚
		崇埜				崇芾	崇亶	崇彛	
		必忽	必憲	必遷	必蓮	必恁	必迎	必琭	

												北海侯	仲維	
				忠訓郎	士擬	忠翊郎	士依	成忠郎	士脩	成忠郎	士學	贈正議	大夫士	彭
												贈中散	大夫不	漸
	善瑽													善石
汝東	汝冢	汝向	汝詫											汝裔
		崇涼												

						善視			善悟			善務		善夙
汝嘻				汝咏	汝軒	汝唯	汝禊	汝祤	汝憺	汝悃	汝忼	汝嗎		
崇價	崇街	崇䄝	崇𥘵			崇福				崇襂		崇秸	崇稊	
	必瑋													

									右奉議郎不同				
善逌	善徙	善準	善燧		善撰	善涚	善闓	善厲	善訦				
汝圚	汝律	汝治	汝滂	汝琉		汝恁		汝虒	汝摸			汝栗	
									崇㝡	崇當	崇畱	崇瞰	崇藹
											必韋		

武翼大夫士和													
右從政郎不泛							右文林郎不溷						
善森							善介						善谷
汝晁	汝曑		汝𣈶	汝惿	汝湜		汝檄	汝𥛽		汝蔴	汝禇		汝最
	崇僔	崇伸		崇邊				崇訮	崇鹵		崇譁	崇櫟	崇玅

														武經大
							武翼郎	不漂					不湮	
善必	善宂				善公	善企		善采	善僉		善檻			
	汝星	汝鄙	汝昇	汝春		汝晅			汝晟	汝濤	汝玭			
									崇鄉	崇蒸	崇鐳	崇鑠		

夫士毄									武經大夫士聿		
不危	不迣	修武郎不訒		武翼郎不謊					儒林郎不湢		
		善嘗		善忑	善熱		善想	善悠	善樇	善楹	善𣗳
		汝藎			汝茇	汝蘘			汝依		
		崇楅	崇榛								

忠訓郎									不淄	從義郎				
	善拱	善㨾			善梓		善楠	善櫨	善櫛		善瑠	善瓛		善榕
			汝厲	汝礫	汝夵	汝烇	汝榗	汝璠			汝得		汝偺	汝偟
			崇紐											

					武節郎士陽					
不凄				忠翊郎不淪	右迪功郎不誢		保義郎不謗	承信郎不詘		
善瑰	善弌				善綿			善枋	善枌	善懷
	汝方	汝杲	汝諒		汝岭	汝稹				
						崇隚				

		會稽侯宗敏						
		呂國公諡思仲騑						
	武經郎士擮	贈保安軍節度使高密郡公士戚						
	承節郎不隊	三班奉職不求	武翼大夫不愚					
善柗	善愫		善祥					
	汝墍		汝舟					
			崇固					
			必箴					
			良呂					良賢
			友楝	友柯	友桂	友槐	友檜	

													贈武德郎不惑
													善沓
			汝伀									汝雷	
			崇烈					崇熹	崇麃		崇熏		
		必遶	必明	必彣	必珍	必儁	必俛	必垎	必僦	必倏			
良耜	良臣					良淏							
	友賀												

太子右內率府副率士齒
右班殿直士頒
贈武翼

三班奉職不踰
不渝
不盈
贈金紫

善太
善巽

汝玘
汝琪

崇溤
崇洍

大夫士	趨													
光祿大	夫不尤													
	善悉							善洩					善怗	
	汝鐸	汝廠			汝鄕	汝鐀	汝駧	汝鈜	汝鋋			汝鑭	汝鋝	汝釺
	崇𣈅	崇洿	崇洇	崇挻	崇援	崇膽		崇幵	崇遷	崇璃		崇輗	崇瀔	
				必垚						必濠	必邀		必儶	

													武翼大	夫士勿
												不冗	承節郎	不溢
善昊										善義				善長
汝鑴		汝鏄	汝鐳	汝鉘	汝鉒					汝䁪	汝錫			汝丹
崇朦	崇膝	崇溫		崇濟	崇澶	崇淬	崇通	崇澈	崇涇	崇谿	崇濕			崇廧
		必捷							必槔					必瑜

											善與	善坙		
												汝正		汝禋
						崇明						崇椽	崇㬎	
必璣	必瑤				必堤	必琚		必瑾						
良樋	良楫	良栲	良槔	良愡		良杞	良樟	良椽	良櫰	良榛				
						友烇				友燻				

太子右內率府副率仲通	博陵郡公仲伋		
馮翊侯士蔫	北海侯		
秉義郎不危	忠翊郎不類	右班殿直不侮	修武郎
善碩			
汝亭	汝琮	汝烈	汝悳
崇檕	崇檃	崇棚	

士倞														
不惕														
善德										善嘉				
汝霦				汝彰				汝霳	汝霝	汝南	汝尙			
崇流		崇佐		崇爕							崇徽	崇信		
必滐	必啓	必銲	必能	必玠	必瓚	必璹	必𤩽					必絫		
				良杼		良櫨						良明	良茝	良葍

		善轂												
		汝明	汝樒											
			崇俦	崇重			崇忠			崇亢	崇珣			
			必琳	必昂	必潭	必藙	必□			必琛	必珸	必琢		
良英	良方		良鐘	良軥	良俙		良鍵	良鈘	良金		良鈞	良錦	良鑁	良錠

							士斐	武節郎				士郢	清源侯	
							不約	朝散郎	不習	不麟	忠翊郎	不思	忠翊郎	
			善逵	善遹			善逑			善旋				
			汝陟				汝闇							汝鋑
		崇僊	崇戈		崇皚	崇曤	崇皓							
必闤		必闢			必瑫	必瑋								
	良涓	良洍												

博陵郡公仲濬						
東頭供奉官士彤	左班殿直士苞	南陽侯士扆				
承節郎不移	武節大夫不器					
善達	善遵	善能				
汝弼						
崇遠						
必備	必佐					
良瑾	良璑	良鍱				
友昭	友暲	友旼				

												善言		
												汝運		
												崇㪚		
	必倞	必健								必保		必諮	必證	必才
良鍏		良鋅			良鉎		良鐔	良銿	良鐽	良珝	良鍊	良瓔	良玴	
		友渶	友淳	友潑	友湯	友佪					友浞	友畬		

西頭供奉官士遈	敦武郎士儵		
右侍禁不黨	從義郎不越	保義郎不慍	承節郎不愿
善進	善淵	善婉	善學
崇晏			

								榮國公、	謚榮良	仲突				
	修武郎	士鋌							越國公	士歡				
不篆	保義郎	不茹		承信郎	不閱		不倦		天水郡	開國男	不諒			
善珪		善扣	善迷		善櫝						善建	善問		
					汝甸							汝翼		
					崇聘	崇聃						崇徹		
												必瑩		必瓖
												良恢	良臻	
												友儒		

						武翼郎不妄	修武郎不羣	朝請大夫不億
						善應		
					汝叟	汝暹		
				崇澧	崇霖	崇兖		
			必焆	必芹				

善淵			善能				
汝丙			汝褒				
崇懸	崇屝	崇遃	崇昰				
必鏊	必瑠	必晞	必聞	必琡			
良鍨		良珪	良鑑				

						贈朝散大夫不忌							
			善治		善信		善瑞	善建					
			汝焞					汝琯					
	崇意	崇息	崇執	崇簡				崇璟			崇章		崇介
必朴	必裯							必遷	必傑	必秀	必因	必溓	
										良佖	良俛		

汝弌								汝雄				汝鉼	汝簏	
崇汏								崇瓘	崇瑭				崇畢	
必淳		必遜	必澤						必佰		必催		必極	必榏
良瑤	良琮		良弼	良杰		良棣	良幹		良𣐈	良檜				
				友諒	友滷									

						善繼						善緡		
				汝賢		汝讜						汝璉		汝琛
		崇芮	崇鑄	崇容	崇諒	崇註				崇唱	崇炓	崇蕢	崇何	崇位
必揔	必擴				必桱	必諾	必面		必醇	必□	必扯			必果
							良璜	良珥		良珂				

							左朝請大夫不搖							
							善濟							
汝藹		汝理					汝怟				汝暕			
崇僙	崇濅	崇僳		崇泆	崇涒		崇浵	崇厦	崇淙	崇滋	崇諗			
		必擢	必括	必莒			必璹				必榫	必柠	必儲	
							良柄							

											贈承議郎士諓	
											不渝	秉義郎不黨
	善淳											善端
汝畿	汝毅	汝[illegible]							汝柜	汝杺		
崇楝		崇[illegible]	崇潔		崇敼	崇啡	崇瞑	崇[illegible]	崇佪	崇炌		
		必瑎	必儴	必[illegible]								

			朝奉郎不將									
善掘		善假		善儒								
				汝款	汝暐							
					崇澺						崇溱		
					必穗	必積	必穆	必穎	必椆	必種	必稔	必禎		必祝	必禱
					良智	良悺						良琳	良珊		

												善俗		
												汝皓		
											崇諒	崇詵		崇漸
		必速	必江			必淐	必鏓				必靖		必闠	必閲
良衆	良珆	良珥		良璉	良玗	良琉		良瑠	良璍	良鎌	良倲			

崇證						崇謹	崇誘							
必迂				必遺	必遂		必寵	必遄	必遴					必遒
良瑰		良瑷	良玜		良玲		良琪	良珍	良璬	良珌	良琨	良玏	良墪	良瑪
友鑣	友鑄													

						不迎								
						善仕	善喩							
					汝嚖		汝峻					汝峛		
					崇宣		崇鎦	崇銷	崇鑢	崇鎊		崇錄	崇鑽	崇錢
	必選	必遠	必遬	必淀				必瓂		必瓄	必珽			
良瑜														

		左侍禁忠翊郎	士韃											
			不固	不愧										
				善柔									善裓	
汝雀				汝鼎	汝頎	汝隆							汝修	
崇鐍	崇鋽				崇營	崇豊							崇迨	崇逾
	必滌					必灃		必湑				必浻		必宦
						良松	良檜	良⿰忄禁	良堁	良基	良屋			

										善允				
汝珽	汝城				汝璵				汝琊	汝玭	汝名			
	崇砥	崇晞			崇纓	崇縓	崇縊	崇綠	崇繻		崇壅	崇導	崇勉	
	必墫		必境	必墠	必埬	必鑪	必澾	必瀶			必伀		必宿	必宛
	良槪			良梈										

修武郎士喈													
不倚		忠翊郎不俁							武翼郎不倀				
		善時	善昉	善曜	善昭	善暒	善晫		善宙	善綸		善穟	
			汝釪						汝岩	汝儱	汝狄	汝摧	汝掌
											崇境		崇侈

			秉義郎士嗢	贈朝請郎士畀							
			承節郎不瞰	武翼郎不忽							從事郎不隱
				善縉				善潼	善瀶	善沭	善瓏
汝慸		汝墐		汝瓆	汝汎	汝玩	汝玿		汝鍇		汝蓺
崇淒	崇潎				崇楡						
必穫											

												不隘	從義郎	
	善軏										善輕	善穀		
	汝鑿	汝恩	汝崟	汝鍄	汝譓						汝恕	汝枌		汝溢
	崇鐮					崇諓		崇誀	崇誦		崇謳			
必玏						必舒	必鏤	必鏦		必琛	必璒			

						從義郎	不費						不樗	不邅
							善羨							
	汝䰛						汝鎊			汝潯	汝稪			
	崇經	崇鏝	崇鑬	崇鐎	崇鏷		崇[illegible]	崇[illegible]		崇栔	崇鈹	崇鍪		
必琗							必湖	必迻	必薀	必佟				

贈朝議大夫不槁										訓武郎不𧾍	
善沛								善潢		善灝	
汝郜	汝鄘							汝灺	汝煤	汝㮴	
崇僪	崇偷	崇徊	崇伷	崇値	崇得	崇傁	崇佛			崇贔	崇晨
		必鏈									必窒

				武德郎	士禰									
			不窮	從義郎	不執									
					善壽	善誘		善舉	善野				善悛	善揚
						汝翻		汝逿	汝億			汝侑		
	崇暈	崇坐				崇秴		崇穫	崇權		崇樵			
必憲						必湔	必潺		必璂	必涫	必鍑			
							良曦		良樎					

							武節郎	士稭						
							秉義郎	不佁						
善勝								善㢊			善庾			善府
汝逈			汝遞					汝晨	汝昆	汝昊	汝熊			
崇曠		崇曚	崇暏	崇曮	崇晀	崇曀			崇垤		崇榔	崇橙	崇料	
必畸	必畤			必沌							必謎	必介		

						士歅武節郎					
				不竭從義郎	不讀成忠郎	不危忠訓郎					
善庡						善淵	善適	善昌			善智
汝鉡		汝蓅	汝壇					汝蒼	汝旹		
崇眿	崇叶							崇饡	崇潁		
								必爐	必橙	必梆	

善呐										善庀				
汝若			汝亶				汝滌			汝北				
崇恵		崇德	崇愁		崇熱		崇恩	崇忽	崇㥋	崇鐀			崇銆	崇昳
必諄	必詶	必靚	必焌	必煩	必通	必鐺	必熜		必誐	必熊	必惟	必忡		
良佰														

									左文林郎不斂				
		善瑄		善卦					善鄰			善祁	善郁
	汝葿	汝珉	汝濯	汝蹬	汝鼓	汝起			汝擡				
崇賦		崇坒	崇遑		崇戀	崇壖	崇葸	崇慹	崇沛				
			必佛						必播	必操	必捬		

武經郎士潔

成忠郎不芥

善鄂　善都　善邪　善榮

汝豙　汝裹　汝庽　汝衫

崇培　崇設　崇診　崇錉　崇錟　崇鐽　崇鉚　崇纏　崇絉　崇練　崇緣

必疆

順國公、諡惠穆仲當

從義郎士飪　修武郎士櫳　從義郎士宓　太子右內率府副率士

不耀

汝裒　汝衿　汝褒　汝袷

崇縫　崇託

輠	華英侯士蒲	朝請郎不遲	善仁		
			善義		
			善禮		
		儒林郎不處	善時		
			善明		
			善昭	汝洵	
				汝渼	崇种
		迪功郎不逆			
	朝請大夫士穛	右從政郎不騫	善襲		

	必琛	
	必玑	

善菸										善襄				
汝播								汝奇	汝戳	汝望				
崇社				崇來	崇㤚				崇禪	崇味	崇嗛	崇舟	崇嶤	
必栓	必橙	必枝	必枰	必柘	必許	必淮	必濠	必漻						

		朝奉郎士敷										
		不淪	訓武郎不動									
善袞	善□		善元									善良
汝河	汝□		汝問									汝鎌
崇㥜	崇韶		崇侮	崇伏	崇俙		崇遙			崇俔	崇倈	崇儗
	必復		必璿	必瑯	必𤫩	必㻋	必坪	必珥	必璯	必璊		必琥
												良鏂

						承信郎	不鑠	保義郎	不耀					忠訓郎
									善壂	善瑭				
										汝磺	汝嚴			
崇偁										崇庠	崇弆	崇溥	崇邐	
必瞵	必睐	必⿰目乘	必晎	必昭	必暖									

											武翼郎士澤		武翼郎士磨	
不械													承節郎不疑	
善勒	善言	善降					善渲			善忨				善嘉
		汝悰				汝尋	汝杌			汝愛				汝謀
		崇蹇	崇求		崇瑀	崇尊	崇鄞			崇㤣				
			必洵	必滜	必潒		必彪	必澈	必湳					

不礙	承節郎	不挫	不擬	不凝										
善學														
汝隍					汝誥							汝誕		汝諫
崇遮					崇侔	崇[illegible]		崇儋	崇偓	崇倜	崇偕	崇杞	崇檜	崇初
必阶							必移	必榕		必滌	必橼		必棣	
良熹														

			從義郎士徊		從義郎士玖					
	不抜	不苟	承信郎不玷	不貳	成忠郎不彔			承節郎不紆	忠翊郎不縱	
					善遷	善式	善舉		善來	
						汝枋	汝㣧		汝還	
							崇鎵		崇琥	崇穮
必踆										必坒

								嘉國公仲遲
		右班殿直士檣	忠訓郎士枋			右班殿直士鍳	承義郎士蹇	太子右監門率府副率
	不綺		不謁	不邪	不迴			
必垩								
良瑕								

士縡	保義郎訓武郎	士頎												
		不他												
		善信						善遷				善揚	善舉	善彙
		汝霧	汝靂	汝霎		汝靄		汝楫						汝騤
				崇祓	崇福	崇珞	崇璩	崇浩	崇禮					
				必坡				必偟	必備	必侍	必億			
									良腆					

					奉議郎	不爲		保義郎	不怍	修武郎	不懋		
	善隆					善戎	善彰				善璐		
汝本	汝俁		汝涂				汝方				汝怡		
	崇箋		崇倅	崇伐							崇軹		崇簣
	必鑑	必鈉									必塗	必漴	必涉	必汰
													良檝

							成忠郎不易							
				善純			善南	善椁						
			汝迁	汝泠			汝徽	汝玑						
	崇端	崇篁	崇箐	崇恂	崇恬			崇江	崇湔		崇泙			崇湒
必溭	必溏	必潡	必師	必棐				必釗	必鑲	必鐳	必鈴	必錚	必錘	必鐧

												奉議郎	士晞	
			承節郎	不矜								秉義郎	不忮	
				善政			善嚴						善裕	
		汝堵		汝宴			汝苯			汝蘸	汝蕀		汝訓	汝說
崇漉	崇洋	崇沂		崇鉹		崇駓	崇蘗	崇薇	崇蕁				崇偶	
	必濘			必璟	必壚									

					承信郎	不惕	不怯	忠翊郎	不憚			不悚	承信郎	不慴
	善祜	善祐							善堂					
汝敬		汝曒							汝嵩					
		崇謳		崇譁					崇㬎		崇絲			
		必球	必端						必畐	必畕				

			贈武郎士猗							
不懷	不慍	不懼	左朝奉大夫不已			不貳	保義郎不回	修武郎不肆		
			善信	善修	善言			善珈	善瓊	善瓑
										汝金

				武翼郎	士吨			從義郎	士苯					
					不斁			成忠郎	不底					
					善述	善道	善進		善後	善循	善寀		善扈	
汝鏑	汝錕				汝聞						汝越	汝使	汝鉌	汝道
	崇汧	崇瀇	崇淑		崇嶔						崇著			崇鋤

									忠翊郎	不滯	承節郎	不優	承節郎	不屈
			善執	善薦	善槃									善智
汝冠	汝佪				汝廍		汝洵	汝其						汝雅
	崇祾	崇祓			崇捍	崇拓								

								修武郎士儉				
	修武郎不諆							不彖				
善從	善箮			善昞				善誠				
	汝棸	汝虁	汝檃	汝濱	汝徑		汝花	汝偈				
					崇遏	崇菆	崇縉	崇迅	崇邅	崇廻		
										必鏕	必銑	必鑛

						汝代					汝便			
			崇遏	崇逢		崇⿺辶己	崇遧				崇逿	崇週	崇⿺辶查	
必鏎	必鑈	必⿰金弥	必釗	必伶	必係	必鋭	必⿰日來	必暎	必⿰日隶	必晙		必鑒	必宫	必寰

	承信郎	不珣	承節郎	不玷										
				善學										
				汝懟								汝慰		
				崇誕	崇宧					崇訊	崇詔	崇優	崇僓	
必宧				必恭	必祈		必祉	必汧	必映				必瀆	必潼
					良野	良塑								

					善達			善積						
汝慕		汝惑			汝懦	汝上		汝復		汝𡬶				
崇鑣		崇殊		崇鏋	崇槤	崇就	崇愿	崇珝	崇釗	崇鋒			崇鋹	
必皞	必僾	必拾	必消			必鐼		必汧	必銅	必洤	必潑	必江	必洟	必瀓

									武翼郎	士稽				
								不缺	承節郎	不諴	不讒			
											善旺			
		汝淘									汝照			汝昀
崇鋏		崇挗		崇櫰	崇檏	崇㮩	崇攝				崇孺		崇琮	崇硢
必湲	必[illegible]	必票	必沐	必烷							必庚	必庾	必鐷	必棋
			良臺											

			不譮	不謠	贈通直郎不晦								
				善費	善舉	善譽							
				汝⿰火夜		汝博		汝儲		汝備			
	崇确	崇磯				崇揆	崇据	崇輩		崇掄			崇摠
必桴	必港					必埉	必埽	必圵		必填	必洌	必塼	
								良撚	良攮				

											善懋			
			汝㒇					汝側			汝喬			汝忎
崇搋	崇掾	崇攄	崇抑	崇拭	崇撢		崇梠	崇箹	崇算	崇𢴂	崇簀	崇箴	崇𥮴	
					必埨	必𡑣								

從事郎　士遝　成忠郎　士䌵　右班殿直士清　武翼大夫士武

不愆　不忒

善誊

汝偃　汝蘨　汝徉　汝假

崇畋　崇覞　崇瞠　崇垩

必澭

不曾	不惑					不息	從義郎	不慼						成忠郎
	善擇							善掇	善擦					
	汝宅							汝僖	汝儛	汝懼	汝僕	汝衙	汝僻	
	崇繪	崇紞	崇締						崇鍪					
	必烈	必念	必惠	必愗	必薏									

不懸							從義郎	不惄			承信郎	不愁		
善扔						善揔		善折				善格	善析	善樋
汝隥	汝僂			汝佪				汝逋	汝邅	汝迮				
	崇鍪		崇鈚	崇鉆	崇鈔					崇紋				
	必磯	必砊												

													成忠郎	士引
		承信郎	不蒽									不億		
善⿰扌虎	善拐		善襟	善揀	善撫						善撤			
	汝錸				汝秞	汝稞		汝循	汝樛		汝綡			
						崇紵	崇縱	崇緆	崇⿰糸犀	崇⿰糸壽				

校勘記

〔一〕韓王　「韓」原作「朝」，據本書卷二四五商王元份傳、宋大詔令集卷五〇皇伯宗諤贈太尉韓王制改。

〔二〕保厥軍郎公衞　查宋代文獻中未見有此官，而宋會要帝系三之二二載，宗室追封房國公、贈保康軍節度使的例子屢見。本條下文封號正是房國公，「厥」和「康」、「郎」和「節」的字形也相似，此處疑是「保康軍節度使」之訛。

〔三〕左迪功郎不瘉　「郎」字原脫，據本書卷一六九職官志補。